（清）蘇廷玉 著
陳宇翔 點校

蘇廷玉文集

泉州文庫整理出版委員會
商務印書館

前　言

　　泉州建制一千三百多年，爲中國歷史文化名城和古代海外交通的重要港口。"比屋弦誦，人文爲閩最"，素稱海濱鄒魯、文獻之邦。代有經邦緯國、出類拔萃之才，歐陽詹、曾公亮、蘇頌、蔡清、王慎中、俞大猷、李贄、鄭成功、李光地等一大批傑出人物留下了大量具有歷史、文學、藝術、哲學、軍事、經濟價值的文化遺產。據不完全統計，見載於史籍的著作家有一千四百二十六人，著作多達三千七百三十九種，其中唐五代二十九人三十二種，宋代二百人三百九十一種，元代二十一人四十種，明代五百三十六人一千五百八十五種，清代六百四十人一千六百九十一種；收入《四庫全書》一百一十五家一百六十四種，《四庫全書存目叢書》五十六家七十四種，《續修四庫全書》十四家十七種。二〇〇八年國務院頒布第一批國家珍貴古籍名錄，屬泉人著述、出版者十三種。

　　遺憾的是，雖然泉州典籍贍富，每一時代都有一批重要著作相繼問世，但歷經歲月淘汰、劫難摧殘，加上庋藏環境不良，遺存至今十無二三，多成珍籍孤本。這些文化遺產，是歷史的見證，是泉州人民同時也是中華民族的寶貴文化財富，亟待搶救保護，古爲今用。

　　對泉州地方文獻的搜集與整理，最早有南宋嘉定年間的《清源文集》十卷，明萬曆二十五年《清源文獻》十八卷繼出，入清則有《清源文獻纂續合編》三十六卷問世。這些文獻彙編，或已佚失，或存本極少。二十世紀四十年代，泉州成立"晉江文獻整理委員會"，準備整理出版歷代泉人著作，因經費短缺未果。八十年代，地方文史界發起研究"泉州學"，再次計劃編輯地方文獻叢書，可惜後來也因爲各種條件的限制，其事遂寢。但是這兩次努力，爲地方文獻叢書的整理出版做了準備，留下了珍貴的文獻資料和書目彙編。

　　二〇〇五年三月，中共泉州市委、泉州市政府決定將地方文獻叢書出版工作列爲國民經濟和社會發展第十一個五年規劃的一項文化工程。翌年，正式成立"泉州地方典籍《泉州文庫》整理出版委員會"，着手對分散庋藏於全國各大圖書館及民間的古籍進行調查搜集，整理出《泉州文庫備考書目》二百六十七家六百一十四種，以後又陸續檢索出遺漏書目近百家一百八十餘種。經過省内外專家學者多次論證，最後篩選出一百五十部二百五十餘種著作，組成一套有一定規模、自成體系、比較完整，可以概括泉人著作風貌、反映泉州千餘年文化發展脉絡的地方文獻叢書，取名《泉州文庫》，二〇一一年起陸續出版發行。

整理出版《泉州文庫》的宗旨是：遵循國家的文化方針政策，保護和利用珍貴文獻典籍，以期繼承發揚中華民族優秀文化傳統，增進民族團結，維護國家統一，提高民族自信心和凝聚力，加強社會主義核心價值體系建設，增强文化軟實力，爲泉州的物質文明和精神文明建設服務。

《泉州文庫》始唐迄清，原著點校，收録標準着眼於學術性、科學性、文學性、地域性、原創性、權威性，具有全國重要影響和著名歷史人物的代表作優先。所録著作涵蓋泉州各縣（市、區），包括金門縣及歷史上泉州府屬同安縣，曾在泉州任職、寄寓、活動過的非泉籍人氏的作品，則取其内容與泉州密切相關的專門著作。文庫採用繁體字横排印刷，内容涉及政治、經濟、歷史、地理、哲學、宗教、軍事、語言文字、文化教育、文學藝術、科學技術等領域，其中不乏孤稀珍罕舊槧秘笈，堪稱温陵文獻之幟志。

值此《泉州文庫》出版之際，謹向各支持單位、個人和參加點校的專家學者表示誠摯的感謝！由於涉及的學科和内容至爲廣泛，工作底本每有蛀蝕脱漏，加之書成衆手，雖經反復校勘，但限於水平，不足或錯誤之處還是難免，敬請讀者批評指教。

泉州地方典籍《泉州文庫》整理出版委員會
二〇一一年三月

整理凡例

一、《泉州文庫》（以下簡稱"文庫"）收録對象爲有關泉州的專門著作和泉州籍人士（包括長期寓居泉州的著名人物）著作，地域範圍爲泉州一府七縣，即晋江（包括現在的晋江市、石獅市、鯉城區、豐澤區、洛江區）、南安、惠安（包括泉港區）、同安（包括金門縣）、安溪、永春、德化。成書下限爲一九四九年九月以前（個別選題酌情下延）。選題内容以文學藝術、歷史、地理、哲學、政治、軍事、科技、語言教育等文化典籍爲主，以發掘珍本、孤本爲重點，有全國性影響、學術價值高、富有原創性著作優先，兼及零散資料匯總。

二、每種著作盡量收集不同版本進行比較，選擇其中年代較早、内容完整、校刻最精的版本爲工作底本，并與有關史籍、筆記、文集、叢書參校，文字擇善而從。

三、尊重原著，作者原有注釋與説明文字概予保留。後來增加者，則視其價值取捨。

四、凡底本訛誤衍漏，增字以[ ]表示，正字以（ ）表示，難辨或無法補正的缺脱文字以□表示，明顯錯字徑直改正，均不作校記。

五、凡底本與其他版本文字差異，各有所長，取捨兩難，或原文脱訛嚴重致點讀困難，或史實明顯錯誤者，正文仍從底本，而於篇末校勘記中説明。

六、凡人名、地名、官名脱誤者，均予改正，訛誤而又查不到出處之人名、地名、官名及少數民族部落名同異譯者，依原文不予改動。

七、少數民族名稱凡帶有侮辱性的字樣，除舊史中習見的泛稱以外，均加引號以示區別，并於校記中説明。

八、標點符號執行一九九六年實施的國家《標點符號用法》。文庫點校循新版二十四史及《清史稿》例，一般不使用破折號和省略號。

九、原文不分段者，按文意自然分段。

十、凡異體字、俗體字、通假字，如非人名、地名，改動又無關文旨者，一般改爲通用字；異體字已經約定俗成、容易辨認者不改。個別著作爲保持原本文字語言風貌，其通假字則不校改。

十一、避諱字、缺筆字盡量改正。早期因避諱所產生的詞彙成爲習慣者不改正。

十二、古籍行文中涉及國家、朝廷、皇帝、上司、宗族等所用抬頭格式均予取消。

十三、文庫一般一册收錄一種著作，篇幅小的著作由兩種或若干種組成一册，篇幅大的著作則分成兩册或若干册。

十四、文庫採用橫排、繁體字印刷出版。每册前置前言、凡例。每種著作仿《四庫全書》提要之例，由編者撰寫《校點後記》，簡略介紹作者生平、著作內容及評價、版本情况，説明其他需要説明的問題。

泉州地方典籍《泉州文庫》整理出版委員會辦公室

二〇〇七年二月五日

目　　録

蘇廷玉自記年譜 …………………………………………… 1
從政雜錄 …………………………………………………… 23
亦佳室詩文鈔 ……………………………………………… 51
溫陵盛事 …………………………………………………… 157

蘇廷玉自記年譜

目　録

自記年譜 ……………………………………………………… 1

校點後記 ……………………………………………………… 21

皇清誥授榮禄大夫、大理寺少卿、前四川總督兼管巡撫事、顯考鼇石府君自記年譜

府君姓蘇氏，諱廷玉，字韞山，號鼇石、歸田，又號退叟。

始祖利用公，河南固始人，唐末爲隰州刺史，隨王潮入閩，遂家同安城内葫蘆山，祖母張氏，合葬沙溪九都山麓。凡閩蘇氏皆系出利用公。甲戌年，同族人學浩、學典省墓，並修治草萊。墓外餘地，有圮於山水者，並葺築之。學浩弟兄捐銀三百員，余書記於碣墓。自唐世至今千餘年，族人時有紆道展謁者。後屏山如芙蓉矗矗，前案山三峰如筆架，水九曲而出。左一山如旗，右一山如鼓。墓碑鐫"利用蘇公、夫人張氏"八字，載郡邑誌甚詳。

宋神宗時，魏國太師子容公諱頌，以封還制誥，與宋敏求、李大臨同貶官，時稱"熙寧三舍人"，載於《宋史》。子容公父諱紳，官翰林學士，殁葬鎮江丹陽，子容公遂遷居焉。魏公子五人，留次子嘉公在同安守祖墓。漳州及同安蘇氏，多嘉公後。宋時同安未分邑治，仍隸南安。傳至宋傑公，避難遁居海澄三都田厝窟，娶祖母王氏，年十九歲，宋傑公殁。王氏遺腹生子珪公，矢志撫孤，成進士，爲顏尚書壻。時母子孤苦，尚書教養以成立。生子竦公，又娶尚書孫女，亦成進士。祖母王氏遺囑："世世子孫毋忘顏氏。"至今兩家姻婭結好如初。數傳至敦謨公，乃遷同安馬家巷十四都澳頭鄉，爲澳頭始祖。今族衆千人，分爲四房，余祖第二房。數傳至宗英公、知寶公，並祖母石氏、余氏，均葬上蘇山尾下，墓尚存，無碑碣。

高祖體喬公葬白嶼，祖母陳氏葬樓山。子五人，余曾祖居長。

曾祖漢闕公、曾祖母徐氏合葬浦尾。生子七，余祖居四，以余官貤贈曾祖通議大夫，誥贈榮禄大夫、四川總督，曾祖妣淑人一品夫人。

祖國宸公，業藥肆。士人取藥不取值，家以貧，人以爲有陰德。祖母彭氏，生伯父司直。繼祖母郭氏，生余父融亭公、叔父司羽。祖葬上蘇後吕公墓側，祖母彭葬南安，爲巨石所壓，今遷回。祖母郭葬鼓鑼巖山後。以余官，累贈祖父朝議大夫、中憲大夫、通議大夫、通奉大夫、榮禄大夫、四川總督，祖母恭人、淑人、夫人、一品夫人。

父光彩，字垂虹，號融亭。精於醫，遍游吴、越、燕、齊，活人無數。遵川運例，入貲補安徽無爲州泥汊河巡檢，歷署黄山土橋巡檢、無爲州州同。嘉慶三年八月二十五日，卒於官，年六十七歲，祔祖母郭氏，葬鼓鑼山後。母洪氏，新店人，葬林厝鄉。生長兄景星，次兄景悦，紀氏姊，何氏姊。繼母莊氏，生三兄廷策及余。以余官，累贈父朝議大夫、中憲大夫、通議大夫、通奉大夫、榮禄大夫、四川總督，母洪氏、莊氏恭人、淑人、夫人、一品夫人。長兄景星，字學象，歲貢生，子四人。以余官刑部郎中加級，貤封朝議大夫，嫂張氏恭人。

次兄景悦，子一人。

三兄廷策，年二十二歲未娶卒。

乾隆四十八年癸卯　　一歲

五月初二日辰時，余生於澳頭鄉三落祖屋東偏。

乾隆四十九年甲辰　　二歲

乾隆五十年乙巳　　三歲

聞吾父云：是年余出痘，甚危，唇指皆黑，度已不治，以竹筐乘置廳側。夜半，父隱几卧，夢祖父國宸公自外抱一嬰兒奔入，汗流被面，若自遠道來，拊父背曰："爲汝取佳兒來，尚鼾睡耶？"驚寤，聞余啼聲甚震，急視之，則唇指皆變紅暈而愈。少時讀書怠，父母以此言誡。今老矣，勳業未成，忝竊朝禄，思之輒復汗下。

乾隆五十一年丙午　　四歲

乾隆五十二年丁未　　五歲

始入蒙館識字。

乾隆五十三年戊申　　六歲

是年，表叔劉逢升捷於鄉，來謁外祖。余見其帽沿有金花二枝，悦之。母教余曰："能讀書中舉人，亦如是。"余雖稚，聞此話甚悦。

乾隆五十四年己酉　　七歲

始讀四子書注。

乾隆五十五年庚戌　　八歲

乾隆五十六年辛亥　　九歲

始讀《詩》、《易經》。

乾隆五十七年壬子　　十歲

時父官皖省已七年。是年四月，隨母及長兄、三兄由漳州、汀州、江西赴泥汊官署，余始識父面。延漳浦鄭傑夫先生課余及三兄讀。

乾隆五十八年癸丑　　十一歲

讀《書》、《禮經》、《左傳》。每屬對，師輒奇之。

乾隆五十九年甲寅　　十二歲

諸經讀畢，粗知白文講解。九月，母病脾濕，食輒噎。病篤，脱環繫余臂，戒曰："兒能讀書成名，吾目瞑矣。"十月十七日戌時卒。時父于役江寧，余與三兄皆稚，斂時棺未掩蓋。余兄弟哀痛昏暈，卧於棺側，至二十日，父回乃殮。父揭蓋視母，顏色如生。余以哀極卧病，兩閲月乃愈。嗟乎！余幸忝甲科入仕，而母已不及見，回繹遺言在耳，輒涕隕之。

乾隆六十年乙卯　　十三歲

五經讀畢，學作破、承題，起講，好用成語。

嘉慶元年丙辰　　十四歲

始學作文，師每以爲有思致。

嘉慶二年丁巳　　十五歲

回家應童子試，從伯兄學。外父邑庠高班侯名超然過齋頭，見余所作《好學近乎知》文，奇之，令出見。退爲堂兄右弼曰："令弟非凡夫也，願以女妻之。"

伯兄稟知吾父,遂定婚高氏。

嘉慶三年戊午　　十六歲

隨伯兄館於海澄蕭氏,每作文輒冠同學。五月,得父手書,敦戒勤學,毋自暴棄。詎父即於八月二十五日卒泥汊官舍。時次兄景悅侍。十一月乃得凶訃,呼天搶地,孤露無依。嗚呼!父書墨瀋未乾,竟成遺命矣。

嘉慶四年己未　　十七歲

伯兄失館,貧不能給饔飧。余赴玉屏書院肄業,試輒前列。掌教郭韶溪先生甚器之,誨以詩文,功益進,月得膏火以自給。

嘉慶五年庚申　　十八歲

仍在書院。時同學生童各半,率家足自給,惟余最貧。暇時輒有聯袂出游者,余獨閉戶自課。韶溪先生語人曰:"此子貧而傲、苦而堅,他日成就豈可量耶?"益教之。時三兄病瘵,來廈門就醫,藥餌不給,夜燈對泣,風雨淒然。

嘉慶六年辛酉　　十九歲

二月十七日,三兄卒,年二十二歲。時吾鄉人因拒捕驅差案,官會營搜捕,男女數千人皆逃匿鄰近戚婭家,村舍一空,兵役又大肆抄掠。三兄病篤時,夜相驚曰:"官兵即至,掩捕。"余與伯兄大呼曰:"我們並無犯法,且兄弟疾在危急,何能逃遁耶?"三兄病革時,執余手曰:"弟能讀書成名,我侍父母於地下,目瞑矣。"卒後目半日不瞑,余與伯兄告曰"後願各以一子承其祀",目乃瞑。嗚呼痛哉!後因格於例,三兄未娶卒,不應立繼,伯兄因以榮元姪及余長子士榮題名於三兄木主,忌日祭而私嗣之,盡其心也。是年,東西奔馳,迄無所就,貧困不能自存。王南陔中丞時以司馬借補馬巷通判,觀風所屬,赴試者二千人。題為《君子學道則愛人》,錄六十人,余冠其軍。後覆試及月課皆召余面試,余六次第一、二次第二,中丞甚器之,勉勵備至。庚寅,余守蘇州,中丞自蕭山遣其子曼壽奉書來,并賜以詩,書中有"聞政聲洋溢,不負所望。某於二十年前識君於為童子時,早知他日必有展布也"之語。後余官四川按察使,中丞自蕭山郵書,屬為其封翁及太夫人作傳,云:"某知足下人品、學問、政事,皆卓卓過人,故不遠數千里求作家傳，以垂家乘，以增先榮。不然，某自通籍曾任封圻，非無舊知鉅公卿，而獨遠求足下，蓋重其人也。"余微時貧困太甚，有人所不能堪者，惟郭韶溪學正、王南陔中丞獨加賞識。至外父班侯公一見願妻以女，爲微時最知己。迄今備位中外二十餘年，夙夜冰兢，不敢暇逸求無過者，不敢負父母兄之教，不敢辜知己之望耳。

嘉慶七年壬戌　　二十歲

館於王氏，束脩僅十九千文。應縣府試，屢冠其軍。縣大令爲河南孫名樹南，郡守爲會稽馮名國柄。府、縣試案名皆第四。是年十一月十一日，夫人高氏來歸，長余一歲。先是，夫人家遭外侮，隨母兄顛播三年，後依其外祖母，針黹自給以待，余又貧困不能自存，至是年始迎娶。荆釵緼袍，相對怡然。

嘉慶八年癸亥　　二十一歲

二月赴院試。徒步往，足趾穿。試古學，取第三名，補同安學附生第三名。七月，長兒士湘生，後改名士榮。十月，科試一等第六名，取古學第三名。學使爲蒙古恩雨堂先生，時官禮部侍郎。

嘉慶九年甲子　　二十二歲

鄉試薦而未捷。房師爲長汀縣吳名應韶，師曾於途次一謁。是年，館於劉五店童氏，益自發憤，日夜無怠。

嘉慶十年乙丑　　二十三歲

館於後頭周氏。書舍中每相驚以鬼，余至寂然，時以爲異。

嘉慶十一年丙寅　　二十四歲

仍館周氏。歲試，一等第五名。

嘉慶十二年丁卯　　二十五歲

館後頭曾氏，是年歸。曾氏女生。鄉試薦而未捷，房師爲仙游縣林名大任，其評語有"有議論、有筆力，大含細入，腹笥便便"之語。師終未及一面，而知己之感至今益摯。

嘉慶十三年戊辰　　二十六歲

鄉試中式第五十七名,房師爲泰寧縣周名啟魯,安徽績溪縣辛酉進士。座師爲陳荔峰先生名嵩慶,時官侍講學士,後官吏部侍郎;爲慕循陔先生名鏊,時官兵部郎中,後官廣東、浙江觀察。是年十二月初五日,葬吾母莊氏於上蘇鄉,後即北上。

嘉慶十四年己巳　　二十七歲

會試報罷歸。是年,次女生,送與徐氏爲童養媳。

嘉慶十五年庚午　　二十八歲

館於廈門吳氏。是年,次兒士準生。冬仍北上。

嘉慶十六年辛未　　二十九歲

會試薦而未捷。房師爲彭寶臣先生,時官修撰,後官奉天府丞。是年七月,次兄景悅卒。

嘉慶十七年壬申　　三十歲

館於霞溪蘇氏。歸,邱氏女生。

嘉慶十八年癸酉　　三十一歲

二月即北行,五月到京,七月余病痢,十月病傷寒。皆幾殆,旅館隻身,益自刻勵。

嘉慶十九年甲戌　　三十二歲

中式貢士第九十五名。

殿試二甲七十二名。

朝考入選,欽點翰林院庶吉士。房師爲宜黃謝向亭先生名階樹,時官編修。座師爲章桐門相國、周蓮塘尚書、王蓮府尚書、寶獻山相國。八月乞假,十二月初七日到家。

嘉慶二十年乙亥　　三十三歲

四月,葬祖母郭及吾父於鼓鑼巖山麓,經營兩閱月乃成。冬歸,黃氏女生。

嘉慶二十一年丙子　　三十四歲

八月,由廣東入都,榮兒偕行。

嘉慶二十二年丁丑　　三十五歲

散館，二等。引見改刑部主事，始讀律。

嘉慶二十三年戊寅　　三十六歲

五月，夫人携兒女入都。

嘉慶二十四年己卯　　三十七歲

派禮闈受卷。

嘉慶二十五年庚辰　　三十八歲

頻年在刑部鞫案，有"公明寬厚"之名。

道光元年辛巳　　三十九歲

四月十八日，夫人携兒女回家婚嫁，留準兒侍。

道光二年壬午　　四十歲

榮兒授室，婦汪氏，爲武舉捷陞女。

道光三年癸未　　四十一歲

長女歸曾氏。

道光四年甲申　　四十二歲

夫人携二女入都，留長兒在家。

道光五年乙酉　　四十三歲

補廣東司主事兼秋審處行走。與考試差，未得。

道光六年丙戌　　四十四歲

陞貴州司員外郎，坐辦秋審處。

道光七年丁亥　　四十五歲

充律例館提調。冬，京察一等，陞浙江司郎中。

道光八年戊子　　四十六歲

二月初三日京察記名，以道府用。二十七日，在勤政殿東暖閣垂詢出身、籍貫及在刑部辦事。三月十日，隨昇賓旭尚書、鄂潤泉太師赴寧夏，鞫將軍慶山、副都統噶普唐阿互揭案。八月回京。寧夏駐防兵丁生齒日繁，甚貧。爲提庫項三萬兩,發府生息以濟之,至今歌頌不衰。

道光九年己丑　　四十七歲

正月初九日,補授松江府知府。初十日,養心殿西暖閣召見,訓勉備至。二月十一日出都,行至坌河,始知蔣礪堂相國、陶雲汀宮保已於十五日奏署江寧府。先是,安徽建德縣已革典史秦學建京控一案,株連人証百餘人,安省審訊五年不得結。相國聞余守松江,喜爲僚屬曰:"有人審建德縣案矣。"因有奏署之舉。三月十八日到署任,窮百日夜獨鞫之乃結。七月卸事,八月初六日到松江府任,十一月二十七日調蘇州府。相國摺內有"廉明公正,辦事實心,兩江郡守,無出其右"之語。十二月初八日到任。是年四月,長孫瑞書生,榮兒出。是年,榮兒入學。

道光十年庚寅　　四十八歲

五月,得伯兄凶耗,慟甚。九月,陞陝西延綏道。

奏署江蘇糧道,十一月到任。十二月,三女歸邱氏。是年,準兒回家授室,婦王氏,爲戊辰同年沛瑛女。是年,準兒入學。

道光十一年辛卯　　四十九歲

三月,督運,夫人及兒女同行,舟中患痢幾殆。十一月回蘇州。

道光十二年壬辰　　五十歲

正月,赴陝西,舟次丹陽,得調蘇松道信。未返棹,又奉山東臬使之命,迎摺北行,三月十八日到京。十九日二十日召見,仰承恩諭,以"汝在江蘇極肯認真辦事,故有是命"。四月十八日到任,八月兼署布政使,又署鹽運使。十月,夫人旋里,留季女侍。是年四月,次孫瑞霖生,榮兒出。

道光十三年癸巳　　五十一歲

七月,調任四川。先奉廷寄傳諭,以寧洋寧周氏案隨同鍾制府嚴訊,故遲交卸。八月,夫人來署。九月,準兒來省。十一月西行。十二月二十二日到成都,署布政使。

道光十四年甲午　　五十二歲

四月回本任,刑名極繁,日無暇刻。大邑縣幗匪李碑喜等,帶刀強搶輪奸不可數計，捕治正法，匪徒斂迹。

道光十五年乙未　　五十三歲

二月，峨邊夷匪出巢，大肆焚掠。李方伯義文督師往剿，余兼理藩條，籌備軍餉，捐廉萬兩，以爲之倡，官民皆踴躍，共得九十三萬餘兩。除軍需外，尚存四十餘萬兩，存司庫爲邊備專款。五月，循例請覲，允准。又六月二十八日，以籌餉出力，蒙恩賞戴花翎。又奉旨，隨同隆雲章尚書審訊三臺縣陳楊氏京控案。至八月乃北行，夫人及季女偕行，至河南府分路南旋。十一月初五日到京，初六日請安，召對五次，賜克什四次，詢川中事及文武大小官甚詳。初十日跪安，在京小住。十日即行，至臘月二十六日到西安。

道光十六年丙申　　五十四歲

元旦在西安旅店，聞陞授四川布政使。二月到任。五月，欽差湯惇甫協撰、文孔修侍郎來川查辦上年津貼及軍需各款，余據實直陳，二星使韙之。初，星使未到以前，自制府以及大小各官咸震恐。余曰："凡事據實，何畏查辦。總在平時凡事靠得住，便可坦然，否則臨時手忙脚亂，無益也。"及使還，衆咸以余有定識，而實無他謬巧，不過愼於始而已。

道光十七年丁酉　　五十五歲

四月，馬邊、屛山、雷波猓夷又大出肆掠。調兵萬有奇，齊、余二軍門及多時帆廉訪由雷波進，張壽軒提督、謝果堂太守由馬邊進，至天喜會合。兩路轉餉，余一人總理之，與軍營及糧臺書，皆隨來隨答，曉夜不遑，稿底已盈一大册。後因層巒密箐，大軍失道，糧斷數日，兵心潰散，凱撒時竟爲夷人截後，都司馬登祥陣亡，而越嶲夷匪花甲又復出擾。大府以方行報捷，遂匿不以實聞。初調兵時，余請曰："兵已及萬，而總督不親往督師，設將帥中有意見不合，即事權不一，必至償事。且此舉僅恃十五年尚存之津貼四十餘萬以充軍需，勢成孤注，若再辦理不善，後不可收拾矣。"而大府以氣體素弱，不能耐苦，憚於一行。余又請前往督師，而大府又以省中節制機宜及糧餉無人綜理，不許，遂以多廉訪行。時帆人正直勇敢，而權變未能隨時。迨到軍前，因余提軍畏葸，直言詰責，遂至文武不和,竟無成功。雖曰人事,亦天數有定耶?惜哉!

道光十八年戊戌　　五十六歲

在川藩任。三月間,忽成都城內米價驟昂,斗米自五六百文增至千三四百文,人心惶恐,勢不可終日。余曰:"上年年穀豐收,而下游之兩湖、江西皆有年,即民間米穀既多,又無轉運,此必奸商囤積居奇。"令各州縣排日巡察鄉場囤戶,責令出糶。嚴捕借米貴名目攔野搶奪,並開倉平糶。省中倉不足,又調仁壽、資陽、內江倉穀以濟之。余捐廉四千兩,及同人約及萬金,各買米入城,假為商販,每斗米比市價各減數十文以平之。價雖少減,而貧民太多,每日赴廠買米,甚虞擁擠。始分四廠,繼分八廠,設立章程,魚貫出入。是時在城紳士,有捐貲在小關帝廟平糶者,一日擠斃十人。楊海梁通侯集紳士捐貲,在南門二巷廟內平糶,一日擠斃三十八人,傷者無數。而官廠八處,率皆安貼。計平糶兩月,價漸減,而市價雖平,尚比常年為昂。因密捕城鄉大米店汪復興等家枷示,以俟米價大減乃釋。又令小民用竹箕盛米,零星出賣,各插標記,注明今日每升若干文,而大米店不得居奇,其價即日大減。當米貴時,訛言四起。余曉夜焦急,以靜鎮之,計九十餘日,乃得安貼,而鬚髮全白矣。城內外,自鄉紳士庶,異口同聲,咸以此次米貴,非余籌辦妥善,勢將決裂,此舉全活無數。及米價平後,城內外士庶咸來送匾,禁之不可。有"恩周卒伍"、十營兵士公送。"萬家生佛"、"立我蒸民"、"盛德至善"、"有大功德",至今懸於藩署大堂。其執事牌"仁心仁聞,實心實政"等字四十餘對,及萬人傘五柄,皆存福建會館內。

六月二十五日,鄂宮保因病出缺,余奏明代辦總督事。

七月二十五日奉到部文,有旨署理四川總督。吏部以二品頂戴升署,請加兵部侍郎兼都察院右副都御史銜,奉旨允准,頒到勑書,其布政使已授劉玉坡中丞。余於七月二十六日接督印。因思一介寒士,仰蒙九重特達之知,疊加升擢,畀以封圻重任,如何力圖報稱,寢食不安者累日。多時帆、周藹餘諸同好咸曰:"人陞官而喜,公陞官而憂形於色,何耶?"余曰:"受恩愈重,即報答愈難。滿腔熱血,發於中乃形於外,非故為矯情也。"因思在川數年,目睹四廳猓夷擾害,千百成群,焚掠鄉村,民人被掠、被殺者,幾以萬計。甚至輪奸婦女立斃、刳剔孕婦爲笑,邊民水火已及十年。雖間有用兵,率皆將就了事。以故夷匪益橫,民害益甚。前政又皆粉餙上聞,沿邊村落均已爲墟,私心痛之,非止一日。竊以國家養士數百年,及加之上位,竟不能得一不欺之臣,心實恥之。於是每飯投箸,中夜起舞,遂將歷年夷害據實直陳,請兵大剿,以張國威,以除民害。並以帑項有常,川賦太輕,川民蒙國家二百年深仁厚澤,議加每賦一兩加征五錢,以十年爲斷,計得三百萬。以百餘萬爲進剿,以百餘萬爲善後,而邊圉可以永固,民生可以永遂。須先請撥帑項以應急需,再行加征歸款等因。是時議者咸以爲"此舉張國威而奠民生,誠爲善舉,但恐不能行"爲言。余曰:"國家設官爲民,而來民之身家已不聊生矣。朝廷命職爲國,而來國之疆圉已日侵削矣。縱欲固位持禄,爲苟且自全之計,清夜問心,不但無以仰答聖明,抑先自愧矣。"遂於十月二十六日拜摺,十二月初三日摺弁回,齎到上諭,以"未能籌畫萬全,實屬無能",蒙恩降補四川臬使。尋因凱將軍隨同會奏,將該將軍等交部嚴議,降二品頂戴,拔去花翎。張壽軒軍門、多時帆廉訪均革職。而余以冒昧請兵請餉,亦拔去花翎,革職留任。自維一片真誠,雖可以上對天子,下對百姓,而身膺重寄,究未能籌畫妥善,妄思大舉,咎無可辭,即予罷黜,亦分所宜然。仰荷恩慈,僅予左遷,感惶無地。十二月初五日,到川臬任。

　　九月,三孫楷楨生,準兒出。十二月二十二日,三兒毓川生於四川督署東偏,妾范氏出。

　　是年十月,余在總督任內,貴州仁懷縣之鐵匠垻奸民穆繼賢等,妖言降神惑衆,嘯聚五百人,設立僞號,焚掠村社。事起倉卒,而川之綦江縣實與接壤,知縣毛輝鳳與外委章泗明帶兵勇三十餘名,與仁懷縣王鼎彝會捕,章泗明被賊戕害。余聞報,即飛檄重慶鎮張作功、知府汪日萱帶兵前往防堵,隨差把總謝懷芳飛赴貴州,知會賀耦耕中丞派兵會剿。及謝懷芳到黔垣,而耦耕尚未知有此事。蓋仁懷文武思欲委過川省,匿未以聞。及知川兵防堵太嚴,賊又内徙方家溝,距川界八十里,乃以"川中匪徒三千人前往作亂"上稟,耦耕遂據以入告。余曰:"是不難辨。鐵匠埧穆姓一族數百人，有糧冊、有生監，不難查勘即明。但此時賊勢方張，先當撲滅，不致滋蔓，後再會勘可也。"致書耦耕，并信切責遵義府平翰不可如此推諉，先以剿賊爲要，無論是黔是蜀，皆當不分畛域，同心協力，滅賊爲先。後耦耕手書來，極言"爲屬員所朦，張皇入告。幸聖明未加詰責，否則遵義府縣，罪更不可逭矣"。迨十一月初，聞余紫松軍門、慶鍾齋方伯同到仁懷扎營待兵，賊乘其不備，驟出踹營，連破七處，將黔兵之火藥七担、鉛子七担、鳥槍百餘杆、大炮七尊，全行搶去，即用以攻黔兵。余軍門與慶方伯退百餘里扎營，而賊勢益張，川東一帶人心惶恐。因張鎮汪守防堵太嚴，賊不得越，仍在黔地裹胁。余聞信，遂連夜手札，檄張鎮越界夾剿。并信致余、慶二公，須約定時日，方不致參差。而黔營以鉛藥已被搶掠净盡，無可進攻，且威寧所調之兵未到，遂致遲延。余又飛檄川東，運去大炮、火藥、鉛子接濟黔營，并派員弁兵丁前往施放。而伊莘農協撲適來，遂定夾攻之策：川兵由山梁下壓，黔兵由山下仰攻。一夜而賊巢盡焚，賊首就擒，遂行戡定。迨報捷時，遂以余、慶二公就近函商於余，派兵夾攻爲詞。其實此事非余聞信後飛檄調兵夾攻，運炮往助，即賊勢益狂，已成大決裂矣。迨後論功，滇、黔大員以及兵弁皆仰蒙殊恩，而最出力之張鎮，僅得優敍，論者咸不平。余曰："賊無論在黔在蜀，只要及早撲滅，毋貽宵旰焦勞，於心安矣，餘何足較。且黔之入告，若據實直陳，即功在蜀而黔反大減色，亦人情必然也。"衆咸以余爲不伐功、不争能云。

是年，四女歸黃氏。

道光十九年己亥　　五十七歲

在川臬任內，獻師來作督，力主防堵，請再行津貼之法，每地丁一兩加征銀二兩。

聖人以藉資民力不可率以爲常，飭部撥帑百萬，解川供支。獻師以余於川地情形最熟，奏請前往勘辦。遂於九月初四日先赴越嶲，迨沿途勘畢，即奉恩命，以"上年督辦未能妥善，此次無庸派往"，遂即回省。而獻師遂親往各廳查辦。但願夷匪不生貪心玩心，即邊民不至受害，便是如天之福。

聖人不欲用兵，原是天下臣民之福，何幸如之。是年三月，準兒來川。九月，榮兒攜二孫回南。十二月十八夜，忽患傷寒甚重。

道光二十年庚子　　五十八歲

正月十五日，四兒克家生於川臬署東偏，妾范氏出。五月，四孫清沆生，榮兒出。上臘患寒疾，纏綿百餘日，至三月乃愈。

六月初七日，奉陞授大理寺少卿之命。十七日，卸川臬篆。八月初八日乃行，沿途水阻，至十月二十一日到京。二十三日遞摺召見，極爲温霽。迨退出，而休致之命遂下。

十一月二十七日出京南下，偕内人攜三、四兒行，途中寒極。舟次揚州過年，一路苦不可言。四兒克家，行至氾河，患驚風甚危，在下塘地方遇醫李姓治之，旋愈。

道光二十一年辛丑　　五十九歲

正月初二日自揚州行，初三日渡江至金山寺，登陟遍觀，回憶甲戌年過此，已二十八年。寺多圮。京口打垻由大江東下，至孟河入口到蘇州，而病轉劇，纏綿至四月乃愈。計吐出寒濕之痰約斗餘，而瘦骨如柴，弱不可支。疾愈後，遂放游山水。三月，準兒來蘇省視。四五月，榮兒、準兒先後回家。是年，遵豫工新例，爲榮兒捐通判，爲準兒捐直隸州知州。

是年六月三十日辰時，五女淑和生於廟堂巷旅寓，妾范氏出。女生四月，即送與慕石亭世弟之子葆仁爲童養媳。

道光二十二年壬寅　　六十歲

準兒購宅於泉州城内通政巷，始能言歸。四月，英夷破乍浦，蘇杭道路戒嚴。至五月初六日，上船回籍，至杭州，乃知寶山吳淞失守。六月十五日到福州。途中暑熱，患痢甫愈。七月二十五日，蒙恩仍以四品京堂起用，會同孫善寶辦理蘇州糧臺。因余遠宦二十七年矣，遂於七月二十九日兼程回去巡視先塋。八月初七到家，鄉里如故，而人民即少者老矣，後生多不認識。澳頭新蓋之屋極軒爽。初九雞鳴即行，九月二十八日到蘇州。時江南和議已成，大兵隨撤。十月二十九日,糧臺即改爲報銷局矣。

是年七月二十九日亥時,五子恩召生於福州文儒坊,妾范氏出。十月,在蘇州定聘李潤堂軍門之第十二女爲媳,女亦係是年五月生。十一月,納妾陸氏。

十二月,因糧臺已撤,經江督耆、蘇撫程代奏:"該京堂糧臺已竣,現無所事,可否入京候補?"十二月十二日奉到硃批:"著傳知,毋庸進京候補。欽此。"既無回籍明文,未敢即時旋里,住吳之胥門內新橋巷意園,頗極亭臺樓閣之勝。

道光二十三年癸卯　　六十一歲

住吳。二月初,有白氣一道橫亘西南,其形直冲南斗,不知何祥,經月乃泯。五月,呈明孫寶谷中丞,回籍葬母。五月十二日起程,六月到福州,七月到家,排日登山涉水尋覓葬地,至十一月得廈門湖裏社後許家舊買未葬之地,僉曰可。隨往求之,於十二月初二日奉吾母莊夫人柩往葬,余自作《壙誌》。旁拓兩穴,爲余及高夫人祔葬計。故《壙誌》中有"千秋魂魄,仍依膝下"之語。先葬日,颶風連日,懼不得渡。齋心默禱神明,是日風恬而利,及登岸,而颶風又作。葬時極晴霽,及掩土後颶風又大作。人咸以爲異。

道光二十四年甲辰　　六十二歲

在墓督工,至三月乃竣。五月五日,準兒病歿,傷心太過,足遂不良於行。準兒遺一子二女,皆幼。

道光二十五年乙巳　　六十三歲

在泉州住。九月,長孫瑞書應試冠軍,年十七歲,與次孫瑞霖並入府縣學,携以回鄉展墓,稍慰老懷。

道光二十六年丙午　　六十四歲

二月,在福州寓,失足仰跌石階下,雖不至半身不遂,而足更不良於行。四月,回泉州住,築洗心退藏書室,以爲消夏地。六月酷暑,病匝月乃瘳。

道光二十七年丁未　　六十五歲

因幼孫楷楨病纏,在泉過夏。七月,府學明倫堂立匾,揚先哲而勸來學。三月,修尊經閣,告成。

道光二十八年戊申　　六十六歲

在泉州住。六子海會生,陸氏出。

道光二十九年己酉　　六十七歲

五月回澳頭,而六子海會以驚風殤,僅週年又二月。六月,因子孫省試,遂携二妾及三幼子赴省,至九月乃歸。

道光三十年庚戌　　六十八歲

六月,曾孫根實生,長孫瑞書出。九月初七日,次孫瑞霖歿,余哭之慟,而筋力益衰矣。

咸豐元年辛亥　　六十九歲

五月初三日,五女淑和殤。

咸豐二年壬子　　七十歲

前刊許公《魏公文集》、《新儀象法要》、《譚訓》、《紫溪公生生篇》板片,今春由福州取歸,以垂家範。

右年譜,府君所自記也。不孝等學疏識淺,莫能仰窺先人嘉言懿行萬一。而手澤所存,深恐久而就没,用是敬謹校刊,並就夙所見聞者,吮血濡毫,略陳其槩。

府君少失怙恃,依伯父母,事之如父母。孝友之性,族人至今歷歷言之。在廈門玉屏書院肄業,衣食不給者數年。諸生皆出游,惟府君披吟不倦。院長郭韶溪先生異之,給以薪米,教以文藝,學益進。年十八,應馬巷廳王南陔先生觀風,六試皆冠軍。南陔先生奇之,曰:"髫齡有此,奇才也。"後成進士,入詞垣,改刑部主事。在刑部十三年,所辦疑難重案,多所平反。刑部以廉能稱,外除松江府。蔣礪堂節相因安徽建德縣典史秦學建之案京控三次,硃批甚嚴,案懸數載不得結,奏調江寧府專審此案,逐款審駁,秦學建心服,始行奏結。是數年所不能結者,府君一時結之,蓋至誠動人,雖刁健無能爲也。回松江任四閱月,松郡大治,即調蘇州府。前任積案三百餘件,拖累數百人,府君到任之日,事無鉅細，躬親擘劃，匝月間剖決殆盡，囹圄爲之一空。吳中有"蘇蘇州青天"之頌。事達天聽。

成皇帝曾爲侯官林文忠公、莆田郭蘭石廷尉言之："吳賦甲天下。最難辦者衿戶減納、民戶加徵，小民勤動不得養。"府君憫之，飭各屬衿戶照納、民戶減完，自是民得以養。始大僚以"爲政不難，不得罪巨室"勸，後乃依府君辦法，權貴嘖有煩言，府君不恤也。接任八月，陞陝西延榆綏道。未行，適四府糧道缺出，蔣礪堂節相以"糧篆繁劇，非精明強幹者不足以勝任"，遂奏留調署督運一次，大府欲再奏留，府君力求卸事。赴延榆綏之任未行，即調蘇松太道。不數日，陞山東臬司。東省積案浩繁，各屬招解人犯，錯擬罪名甚多。如高密縣李孟山一案，殺奸既係奸所，又係登時，照律應勿論，府縣均以擅殺罪人擬絞。府君提訊，詳加詰問，犯供甚確，遂提禁除去刑具，發回另擬。首府縣胥差私設一屋，不見天日，湫隘異常，每遇戶昏田土案內稍有牽涉者，即私禁勒贖，名之曰"老虎洞"，東人受其害者數十年。府君密遣幹員查察情形地名，親往勘辦，被禁數百人，皆髮長數寸，面無生色，咸曰："非大人到此，某等不家產盡絕，必入柱死之城矣。"感泣而歸。東人迄今歌頌不輟。後調四川臬司。川中地廣人稀，非聚族而居，皆零星小户。幗匪聚黨，闖入民居，先索酒食，繼以輪奸，民不聊生。府君派兵拏獲，置之法。在蜀八載，道不拾遺，門不夜閉，民賴以安者數十州郡。陞四川藩司，升遷調動，悉秉至公，僚屬莫敢私謁。川米素賤，突然昂貴，時青黃不接，幾成變故。府君開倉賑恤，川民全活者數十萬户。陞川督，以猓夷屢次荼毒邊民，府君自爲藩臬時蓄憤已深，將奏請興師撻伐，以振國威，並請帑項以應軍需。僚屬咸以"他人節制多年，皆不敢實告，公節制數月即據實直陳，毋乃驟乎"，府君正色曰："不實告，是上欺九重，下罔百姓，不過爲一官耳。吾不忍坐視邊民水火也。"遂入告。奉硃批，以"未能籌畫萬全"左遷臬司，旋陞大理寺少卿，致仕回里。復奉旨辦理江蘇糧臺，肅紀陳綱，不遺餘力。然所到各任，雖有"公明慈惠"之稱，而爲時未久，不若蜀之入人深也。故去蜀之日，萬民遮道泣送，父老攀轅臥轍，留靴頂爐，以彩結輿。府君視此赤子依依，亦不禁潸然淚下。

此皆不孝等所目睹者也。到京後，祝甝畦尚書謂府君曰："公白足而坐彩輿，同譜與有榮焉。"京師傳爲美談。

府君自筮仕以來，一以國計民生爲重，一以開誠布公爲心，準情酌理，吏無怨言，民多感德。至歷稔修葺書院，校刊經書，訓飭士子，皆府君生平所樂爲者，不可勝述。即不孝等所陳，亦不過千百什一。自癸卯歸田，凡敬老慈幼，周恤戚黨，無不曲盡人情。閩省義舉，如英逆犯順，招延神槍教式，於福州五虎門訓練一帶壯氓，皆成勁旅。又命不孝士榮偕弟士準捐資築土堡於泉州海口，爲防夷之具。數載以來，凡有裨於國家桑梓者，皆極力圖成，蓋精神尚健，雖退居林下，亦不肯寬閒自處也。不孝等竊喜愛日方長，豈料辛亥二月，忽患偏枯之症，延醫診視，葠苓罔效，逾年七十，旋然棄養。不孝等本當敬述行狀，因讀府君自撰《壙誌》云"諛墓之文，子孫必乞名公卿椽筆，詞多餙而誣，不若自誌之切實"。誠恐一字涉虛，轉非所以承先志。是以謹就府君《自記年譜》，並《從政雜錄》授之梓人，伏惟當代立言君子，俯賜采擇，錫之碑表銘誄，以光泉壤，不孝等世世子孫感戢不朽。

孤子 士廉
士榮
士毓
士徵 仝泣血謹編。

賜進士出身、誥授資政大夫、兵部侍郎、兼都察院右副都御、撫浙江等處地方節制水陸各鎮提督、署理糧餉加三級、姻愚姪黃宗漢頓首拜填諱。

校 點 後 記

蘇廷玉《自記年譜》，是蘇廷玉自撰的從出生到逝世前的"大事記"。

蘇廷玉(一七八三——八五二)，字韞山，號鰲石，晚號退叟，福建泉州府馬巷廳翔風裏澳頭(今廈門市翔安區新店鎮澳頭村)人。

蘇廷玉自幼勵志讀書，聰穎過人。嘉慶十九年(一八一四)中進士，歷任翰林院庶吉士、刑部主事、陝西延榆綏道、江蘇督糧道、山東按察使、四川按察使、布政使、署理四川總督之職。因某些政見不爲朝廷賞識，降大理寺少卿。道光二十年(一八四〇)，被命"休致國籍三年"。後來雖曾以四品京堂起用，辦理蘇州糧臺，但也只有一年時間。蘇廷玉回家鄉居住，時當鴉片戰爭發生。他雖已進入花甲之年，却仍關心時事，在福州五虎門招募壯士，進行訓練，充實防禦力量；又捐資在泉州海口構築土堡，預防英軍竄犯。咸豐二年(一八五二)，蘇廷玉病逝於家，享年七十歲。其主要著作有《亦佳室詩鈔》、《亦佳室文鈔》、《從政雜錄》、《溫陵盛事》、《自記年譜》等。

蘇廷玉的一生，經歷了清朝由"康乾盛世"到"异族入侵"的部分歷程。所以，他的自傳不僅是一位官宦畢生奮鬥過程的記述，也是某段歷史嬗變的寫照。從中可以看到當時的社會萬象，如腐敗墜落的王朝政權、深刻複雜的社會矛盾、驚心動魄的抗英鬥爭等等，對研究清朝的這段歷史，具有一定的參考價值。

本書根據同安蘇氏的《蘇廷玉自記年譜》刻本進行校點。囿於點校者水平，舛誤疏漏之處在所難免，敬請學界同仁指正。

編　者
二〇一二年一月

從政雜錄

目　　錄

從政雜錄自序 …………………………………………… 蘇廷玉　27

從政雜錄 ………………………………………………………… 28
    周勛給還衣頂 ………………………………………………… 28
    營兵私押職官 ………………………………………………… 28
    鄧金山受教感恩 ……………………………………………… 30
    鬼魂憑兇犯申冤 ……………………………………………… 30
    原被告見證供語不符，以理酌斷 …………………………… 31
    安徽建德縣疑難重案 ………………………………………… 33
    到松江一月查察大概情形稟蔣相國、賀方伯 ……………… 33
    松所鹽商具控華亭縣屬紳士金兆泗等阻撓鹽船停泊葉榭塘口，
        奉飭出示，將地方情形稟明督撫鹽運各憲 ……………… 34
    遞呈投水、截指 ……………………………………………… 36
    初到松江哄堂二事 …………………………………………… 36
    鮑熙冤家到頭 ………………………………………………… 37
    臬司每日審案 ………………………………………………… 37
    巨盜馬大皂案 ………………………………………………… 38
    夏長壽非謀殺正兇 …………………………………………… 40
    四川米貴平糶始末 …………………………………………… 41
    劉芳志、駱先揚命案 ………………………………………… 44

治蜀中幗匪 …………………………………… 45
尸不確不可定案 ………………………………… 46
同寅和衷説 ……………………………………… 46
從政雜録跋 …………………………… 汪承祜 48

校點後記 ………………………………………… 49

從政雜録自序

　　余中外服官二十餘年,皆刑名案爲多。爲郡守時,常與寅屬言:"凡詞訟到官,以結之遲速爲拖累之輕重。兩造株待,則四民各廢職業,而其家之父母兄弟妻子,心亦不安。東海孝婦,含冤三年致旱,此冤抑而上干天和,所關更鉅矣。只此積壓拖累,民已不勝其苦,官已大作之孽矣。願同志戒之!若心存民事,則一州一邑,尚且曉夜不安矣。"衆皆韙其言,而實則"公"與"勤"二字盡之。生平所辦之事甚多,此不過歸田後偶憶及,信筆記之,以垂家乘。

　　道光二十三年癸卯六月,退叟自記。

從政雜錄

周勳給還衣頂刑部河南司案。

河南某邑庠周勳，年方弱冠，父、祖皆列膠序，就館於外。勳娶呂氏，極好合。勳母某氏，性悍，待婦虐。一日，呂歸自母家，其姪拔貢名超然，御驢車護其姑歸。時勳與母方在廚下作餅餌午餐，母因憎婦，令勳見婦姪不爲禮。超然不悅，曰："親戚往來，何無禮如是？"屬呂善自愛，怏怏而去。勳母以婦歸必有後言，故其姪有怨語，令勳持趕麵木杖撲責。婦泣呼冤，勳母益怒，將婦按地，脫婦所襲棉襖，塞其口鼻。勳跪求恕，母用力撳按殞命。勳母恐婦家構訟，令勳負尸投門外池中，佯告呂母家，以婦陡患熱病，自溺於池。婦姪超然以是日親送呂歸，並無病，恐有他故，報官，驗係閉斃。該省將勳母依無故故殺子婦例，擬以杖徒收贖；聲明"勳助毆於先，匿報於後，棄尸不失，尚屬輕罪，衣頂業經斥革，應毋庸議"，咨部核奪。同寅皆畫諾照覆。余閱之，惻然曰："刑以弼教，所以勸善禁惡也。以助毆爲勳罪，則當不順母命，是違犯教令也；以匿報爲勳罪，則當到官首明，以子訟母，是干名犯義也。是勳既處人倫之變，又難蒙國法之寬，無所措手足矣。且勳爲母被議，衣頂固不足惜；而勳之祖必咎其婦，勳之父必咎其妻以爲悍姑，既斃婦之命，又罹子以法。設釀成他故，勳之罪更無所逃於天地之間矣。"因白於少司寇彭修田先生，先生曰"善"。因咨覆該省，將周勳衣頂給還，仍飭學戒飭，以伸國憲；並即飭吏速檄該省，俾勳得與省試。此係嘉慶戊寅六月之案。余到西曹，甫及一年，讀律未竟，不過以情理斷之而已。

營兵私押職官刑部河南司案。

西直門外營房驍騎校富清，負張姓鼻烟錢五千文未償。張赴營房喊告。兵丁李鼇等七人，以清懦弱可詐，遂喚清至營，禁私室三日。清弟赴本旂訟冤，都統鄭親王具奏，交部訊辦。

睿皇帝震怒，以巡捕營兵丁私押旂員，令嚴鞫。時廉淑之、穆鶴舫二先生任刑部左右侍郎兼左右翼總兵，召對時大受申斥，皆免冠謝，并飭刑部堂官催此案。時司中主稿爲任虎卿侍御、楊竹圃方伯，掌印即福慧亭觀察，連日夜訊不得結。因鼇等懼私押職官罪重，咸云："清係戴氈帽，並無翎頂，實不知清係職官。"欲如宗室不繫黃帶，即與平民論之例相比，衆口一詞。而廉、穆二公意中亦以不知職官爲然。韓桂舲尚書以上屢催此案，何可遲延，與司友再四商酌，皆以清是否戴氈帽爲此案定罪關鍵。而該犯等受刑亦不吐實，礙難速結。時余因到署未久，見堂司官以所供氈帽一層久不能定，余微哂回顧。尚書云："汝何名姓，所哂如何？"余以履歷對，且云："如因氈帽一層，今夜即水落石出矣。"尚書云："極好，即派汝專審此案，明早又係奏事，恐上又詢及，汝能於四鼓入内，將審出實情告我，以便奏對，即受賜多矣。"余諾之。及到司中，同人咸怨，以爲輕易答應。余曰："是不難。"於上燈後提李鼇等，隔別訊之，清所戴氈帽是白、是紫、有無廂緣如何？鼇等所供互異，乃令七人同跪，大喝曰："富清只一個頭顱，何能戴七樣氈帽耶？"皆相顧失色。余又拍案大喝曰："此等伎倆，敢來相誑？就令清是日便衣小帽不戴翎頂，汝等亦不能支吾。清服官已十餘年，除大風雨及大節外，每日須帶兵出去操演，巡捕營於八旂營房門外設立堆卡，以備稽察。清帶兵出門，必過卡門，汝等在官廳當差，或十餘年，或五六年，清之戴翎頂，汝亦習見，何得以未戴翎頂爲不知是職官解？所以隔別詳訊者，使汝等心服也。"乃皆碰頭無詞。是晚獄成，時己卯十二月初五夜事也。余與任虎卿未携襆被，擁爐達旦，酌酒賦詩。余得句曰："敢信非欺我，應求不枉人。"又曰："威尊慚作吏，法盡恐無民。"次日具奏，照例將李鼇等擬以軍徒。時惠豫坤侍郎以郎中新調部同司，方余在堂上對韓尚書言，伊亦未信。迨余訊明，向余長揖曰："公何年少而才敏耶？甘心下拜矣。"遂定忘形交。

29

鄧金山受教感恩

余在都時，一日散署後，由西單牌樓大街南行，見有北行驢車，內坐一人，年三十餘歲，側臥車中，見余似舊識者，匆忙帶帽奔到車前，詢曰："公非刑部河南司蘇四老爺耶？"應曰："然。"遂於泥淖中免冠碰頭不已，口中連稱"恩人"。余茫然，詢之。對曰："某名鄧金山，本京人。七年前曾在剃頭鋪與人口角，用剃刀傷其大指出血，經坊官送部，係公親審定，以徒一年發配通州。"余曰："刃輕乎？"曰："不過一線，數日即愈。"余曰："刃傷問徒，二年限內平復及下手理直，各減一等。此照例盡法辦也，何感恩為？"泣曰："某五歲失父，家惟寡母一人。迨刃傷人到部，獄卒告以簽分河南司，是蘇四老爺主稿審案，不肯用刑，是汝造化。又獄囚亦云，公滿臉善氣，鞫案不疾聲厲色，不但不輕用刑，苟有罪亦甘自認等語，我聞之心安矣。及提審時見公溫和平靜，心中敬與愛兼矣。我即實供。公勸諭曰：'汝只有一寡母，守節二十年，汝不能孝養，反因口角傷人問罪，汝母將如何？'余聞而心痛，哭哀。公曰：'汝年方過弱冠，汝母年方四十。今照例應配通州，距京只四十里，可將母同去，徒滿後即省釋。惟少年血氣方剛，一朝之忿，忘身及親。如能聽我此語，後日方長也。'某泣謝，同母去，告以此語，母亦感泣。初某少孤，母氏溺愛，每好與人口角，母雖訓戒，未改也。及聞公言，如夢方醒，此後不敢與人爭競。徒滿釋後，即隨盧宮保名坤外任，今已有妻生子矣，并薄有田屋矣。母極感公教訓，俾某改行以有成立，每言之輒淚下，故今日見公必叩謝也。"次日到署，飭吏查案，果有之。嗟乎！人能改過，皆可為善，而求之僕隸尤難，鄧金山與其母皆可取也。若謂以言化人，則吾豈敢？

鬼魂憑兇犯申冤

明刑弼教，故辟以止辟，刑期無刑，惟協於當而已。若立意從寬，則生者漏網，死者含冤矣。在西曹時，見外省所辦鬥殺案，竟有金刃傷至七八處且有十處以上者，猶以鬥殺論，蓋罪疑惟輕。惟疑故輕，不疑又豈可輕耶？憶在西曹，有高玉新殺賈助之一案。高與賈皆山東福山縣人，高行二，賈行三，高長於賈十歲，兩人在西單牌樓夥開豬肉鋪。賈呼高爲二兄，高呼賈爲老三，始極相得，後漸有違言，積忿甚。是日四更，時鋪夥數人皆在後院宰豬，賈尚酣睡土坑上。高暗藏利刃，連砍賈頭額二傷，登時殞命。高到案亦不諱，此謀故殺也，毫無可疑。同僚中有存心寬恕者，屢爲余言："金刃傷多且重者，尚多擬鬥殺，今此案只二傷，雖重尚不多，惟公原之。"余以案無疑義不允。又極言之，余曰："高玉新殺賈助之於睡夢中，此謀故確據也。如公言，明日提訊如何再定。"而余心亦微動，乃鬼果有知矣？次日再訊，高玉新供如前。余以言挑之曰："汝兩人素好合夥，何以因口角細故，頓起殺機耶？"高玉新叩頭曰："昨得一夢。"余以答非所問異之，問："何夢？"對曰："昨夜夢賈老三來，云'高二兄，我死得太苦，汝必爲我伸冤'。"言之至再，察其聲非高也，并著地碰頭求伸冤。余曰："若真冤只將高玉新之頭割下，便伸矣。"該犯又叩頭云"應該"者再。又叩頭云"謝青天大人公斷"，其聲全非高也。堂中書役皆詫異，而僚友前之屢勸要辦鬥殺者，面如死灰。余即令畫故殺供，再詰以他語，所對則高之聲矣。書此以見提刑者不可不慎，一念之動，鬼物憑之，可不凜哉？

原被告見證供語不符，以理酌斷

江寧高淳縣民有卞紹瑗，世販茶於徽郡，家巨富。兄弟五人，瑗居次，無子。於二十餘年前，在徽買妾楊氏，二年未生子女，後携妾返高淳，瑗仍外商。瑗嫡妻陳氏妬不能容，乘其外出，即將楊氏嫁與龐姓爲妻，生子名龐雙喜，年二十二歲，娶妻生子，以抬轎營生。道光五年間，瑗死已十餘年，楊氏因龐姓死，又嫁陳姓，陳死，又嫁沈姓，亦死。忽到縣具控，以伊係是年正月被嫡妻嫁出，七月十五日生雙喜。迨雙喜六歲時，瑗死，曾來奔喪，瑗弟卞紹瑗以己子爲瑗後，恐雙喜歸宗分產，與陳氏均不認伊。只求舊家主有後，不願分瑗家產。而卞姓族中生監十餘人，公同呈明：伊卞姓約有千餘人，今欲修譜。雙喜於初生時送還，陳氏不納，迨瑗死又來奔喪，陳氏及瑗均不納，經投族長周知。今因修譜，只願將雙喜修入瑗子,不分伊家產。至陳氏及卞紹瑗又呈明:楊氏係是年正月出嫁在近村,係十二月十五日生雙喜。瑗兄及三弟、五弟皆歿,惟瑗存,各有一子,惟五弟有二子。因瑗無子,以五弟之子一人嗣,並非瑗子。呈訴案懸五年不得結。余於己丑春到江寧府署任,甫閲月,而卞姓於蔣礪堂督前及賀耦耕方伯處,求飭蘇太守審結。聞太守公正廉明,若再不結,伊一家拖斃矣。相國、方伯均言之甚切。余提訊三面,各執一詞,不能合供。余曰:"此可以情與理斷之。"遂提楊氏詰以"汝既嫁龐、陳、沈三姓,即卞之有無子嗣,汝原不得干與,且照汝供令畫去"。又提卞姓族人云:"雙喜若富與貴,汝族中爭之,尚有説。一轎夫耳,何爭爲?"咸曰:"是卞姓血脈,雖賤不遺。"亦照伊供令畫去。至陳氏及卞紹瑗等亦均照伊所供。三造各跪一邊,提雙喜訊:"汝生父是卞是龐,汝所知如何?"對曰,係伊母告知是卞。詰以"汝母何時告汝",默不言。維時盛暑欲雨,黑雲匝地,雷聲隱隱。余曰:"凡人可妄認,惟父母不可妄認。以真爲假,以假爲真,必遭雷擊。我公堂即鬼神所昭察地,我公正無私,即雷部下來,我可安坐;汝若錯認所生父,即雷部不汝容矣。"忽霹靂一聲,大雨如注,雙喜渾身戰慄,而楊氏及卞姓族中生監皆有懼色。惟卞紹瑗神氣自若,且曰"如雙喜果係我兄血脈,兄死已十餘年,嫂氏亦無所用其妒,如我不認,致絶兄嗣,雷神昭鑒即在頭上"等語。雙喜求下去。余曰:"須汝一言,我已請於雷神矣。"乃惶恐言曰:"五六歲奔喪時並無此事,至十七歲伊族中叫伊母及伊去,乃有此説。今已實供,請公公斷。"余曰:"是也。"須臾雨霽,雷亦收聲,咸謂有神相之。惟供三面,幕友不能敘案,余乃自敘曰:據楊氏所供,以屢易其夫之婦,而謂從數十年後,追念舊主之有無子嗣,其誰信之?楊氏所供應毋庸議。至卞姓族衆此時之爭雙喜甚力,而當時瑗無子,即使陳氏妒忌,亦可告知紹瑗,留其子而去其妾。迨瑗死,雙喜既來奔喪,告知族衆,何不公同告紹瑗存養?瑗已死,陳氏亦不至再有妒心矣,而前此何又毫不著意?且譜已修五年,尚毫無頭緒,只爲欲爭雙喜之故,乃有修譜一言耳,亦毋庸議。至雙喜之生於楊氏正月出嫁之年,是否七月、十二月,事隔多年,本無確據。即古人亦有孕十二月、十四月乃生者,究不足爲憑。總之雙喜生於龐,長於龐,娶妻生子,恩養已過於所生,即以雙喜爲龐子,亦屬合天理而當人情。案已了結,不得再行纏訟。審結後,外間紛傳此案係卞姓族人覬覦召瑗家產,故興訟,數年不結,非余明斷,拖累不知何底矣。道路頗有頌聲,而余亦不過據情理而行耳。相國、方伯皆云:"取三面供而能斷,此公特筆,幕友引繩削墨,宜其不能也。"

安徽建德縣疑難重案

皖之池州府建德縣,有大計參核典史秦學建呈控知縣陳葵劣狀三十餘款,牽連人證,自文武員弁及紳士、書差百餘人。皖省司道府縣承審數十人。色戀齋中丞任蕪湖道時,經鄧嶰筠制府檄調到省,獨鞫此案,百五十日不得結,而案懸五年矣。嗣秦學建又差人赴京翻控,奉旨交蔣礪堂節相親提審訊,提到江寧,年餘不得結。己丑正月,余授松江府。部文至,相國喜曰:"有人審建德案矣。"因札商陶雲汀制府於余未到省之先,奏署江寧府專審此案。迨三月初,余至清江謁相國,告曰:"此案極大極難,非子不辦,故先奏明。"余請其略。曰"千頭萬緒亦説不了,且其人口若懸河,未易折服,即速赴任"等語。迨到署任,先行提卷閱之,則大木箱八隻,窮二十晝夜畢閱。摘其要處,用白摺手錄數語,則白摺已抄至二十餘扣。其應問之處,命吏粘紅簽,乃逐款先隔別、後對質,共八十餘日,乃縣絲入扣,滴滴歸源,而案定矣。相國入告摺子至九十餘扣,咨部供招至二百數十葉。摺到京時,上留中七日,乃交部核覆,其斷語皆敬奉硃筆圈點。聖人萬幾之餘,留心案牘如是,臣下更宜欽感。然余中外服官及奉差承審之案雖多,究以此案爲最繁,其卷宗皆在江寧府及江寧院司署,不能詳記也。

到松江一月查察大概情形稟蔣相國、賀方伯

某自抵松後,飭吏查造積案清册,約近千五百起。現就原被到案者編限示審,每日約十起。此地訟案多爲拖累起見,訟師伎倆又在案不速結,愚民無知,深受其累,廢時失業,蕩產傾家,害不勝言。故一案牽連人證數十,少亦十餘人。

連日所訊各案，其牽連者，率以一堂訊結，當堂釋放。夙夜思維，力挽頹風，誠如鈞諭"以無訟必由於聽訟"一言爲此地頂門要鈔。夫聽訟之法，以理爲斷，即無情者不得盡其辭；惟斷之速，即播弄者無所施其技。但未知才疎案積，兼以遠違教誨，能得轉移萬一否耶？所屬七邑，以冬間收兌漕糧爲第一要着，第一難辦。已面飭各屬，將各邑向來辦漕之善而可爲師法者，其不善而可爲鑒戒者，并就現在情形，何以今昔不同，各抒己見，開具切實清單，以備詳細考求，庶胸中不至茫無把握。又嚴飭各屬，大端以去其已甚爲主宰，以能得民心爲實際，必須戒愼于先，勿致周章於後，但未知言易行難，各能實心行實政否？又松郡七邑，除金山外，餘六邑皆新舊交代，款目既多，恐滋轇轕。某於鈎稽之法，尚多未諳，除上海尚可無虞外，餘五邑趕令核算，均未及限，尚無頭緒，不能不疚心耳。又各屬搭運漕糧，今冬必須全完。據報已征存倉約在四萬石，屢奉嚴檄力催，而實貯究竟若干，因交代未清亦未敢自信。但能預爲籌備，不致臨兌遲延，即屬能事。又松屬今歲秋成約在八分以上，七屬士女咸謂數年來無此豐稔者，殊爲可喜。又育嬰堂收養幼孩約四百五十人，皆因道光三年水災以後，元氣未復，故民貧益甚，現在經費不足約在五六千金，目下急切不能爲力，俟後再爲設法耳。總之，松江地不過五百里，每年漕賦所征甲于天下。不善經理，則江河日下，伊於胡底。思欲力挽，先以培養民氣爲上。素荷垂愛，知無不言，用敢縷陳，伏維訓誨，俾有率循，無任惶悚。

松所鹽商具控華亭縣屬紳士金兆泗等阻撓鹽船停泊葉榭塘口，奉飭出示，將地方情形稟明督撫鹽運各憲

伏查商運民田，均關緊要。卷查嘉慶二十五年、道光七年兩次挑濬龍泉港詳定原案內，據商人汪春吉等呈稱"鹽剝從何家橋過上橫涇直達龍泉港，由望河涇出葉榭口大船受載"等語，則鹽運大船應在葉榭口外受載，前詳係據商人自行具稟聲明，確有憑據。查龍泉港正河長數十里，其中支河引水灌田者百數

十道，資水利者有七十圖，農田均以葉榭口爲浦江通潮咽喉。浦江日夜兩潮，又全以葉榭口門掣溜緩急，爲龍泉港正河通塞機關，鹽剝小船往來行運於河道，自無窒礙，是以前詳准其分道行走。若大船停泊口內，正當潮水之衝，自數十隻至百餘隻，連檣停泊，則潮水進退，其溜必遲。浦江之水挾泥而來，勢與黃河等，泥稠溜緩，淤塞必易，其勢必然，其理甚明。是以前詳均無停泊字樣。現據金兆泗等以"病民害農"稟請諭禁，自係實在情形。而華亭縣允准出示，亦爲農田水利宜順輿情起見。并據華亭盧令稟稱，與批驗民大使姚景樞會勘時，老幼數千執香環求禁止大船停泊，維時松所商人亦皆目擊。是該商人必欲與數萬農民爭此停泊之地，勢必釀成事端，其事既不可行，即使遵諭出示嚴禁，而民情難安，其勢亦可暫不可久。倘竟激成事變，則大船究不便停泊，終與鹽運無益。再查從前大船，皆泊閘港，後因小閘河淤塞，始有停泊葉榭口之事。現在士民既經公同呈控，則大船自宜遵照前詳，停泊葉榭口外黃浦江濱受載，以符前詳，以順民心。而該商人總以浦江潮浪不能停泊、鹽駁小船不能行走爲言。查浦江雖有潮信，究與鎮江等處大江有別，商旅往來，輕船即遇風亦可沿邊行走，鹽船重載，豈有轉不能行走之理？即松屬下華亭、奉賢，每年冬間兌運漕糧，皆係小船裝載，由浦江直達松城，又豈有十餘萬漕糧不畏風濤，而數十萬鹽斤轉虞涉險耶？某當因鹽運亦關緊要，密飭婁縣主簿鈕信友前往葉榭口外江濱查勘有無可以泊船處所。據該委員面稟，葉榭口外沿江約三里外，多有泊船之處。諭縣再行覆勘。而該商人不候查辦，上赴鹽院，以"從前津貼開濬龍泉港，向來停泊"等詞捏控。荷蒙札飭，試思龍泉港開濬時，數萬工程皆係民力，原爲農田起見，該商人每次津貼只有一千二百千文。既經呈明，只准鹽剝小船分道行走，並無大船停泊之語，何得以"向來停泊"捏詞朦控？現經該縣所履勘，并就兩造呈詞，體察地方情形諸多未便，而兩次挑河詳案，又復確有可據，可否仰懇憲恩俯察：黃浦江邊本可停泊，飭令擇地停泊受載，其剝船照舊由龍泉港行走出口大船受載，以符前詳而洽輿情。抑由某將現在商民再行提訊，重申曉諭，另定泊船處所，再行具詳，伏候明示飭遵。

遞呈投水、截指

余守松江時,每出門,以舟行。其民不論户婚、田土細故,每有以瓦礫包於呈内由船窗擲入者,遂即投水以爲膚受之愬。余令挽之,出曰:"如有冤抑,必爲審理,何爲投水?定例:故自傷殘者,杖八十。汝以父母遺體,輕於求死,即例該杖也。如以呈訴初投,即思以此嚇唬官長,亦該杖也。二者必居一於此矣。"因掌責之,再令曰:"尚敢投水否?"曰:"不敢。"乃爲審其案而平之。後調蘇州,申敬亭撫部時以侍郎督蘇學,自松江回,過蘇見余,揖而告曰:"上年歲試到松,遞呈投水者甚多。此行科試無之,因訝而詢之。僉曰公爲守只百日,只杖三人,而此風絶矣。賢有司移風易俗如轉圜,佩服之至。"後陳川臬,其俗有截髮或截手指,鲁血淋漓漬於呈紙者,亦以治松江之法治之,遂革其俗。

初到松江哄堂二事

初到松江甫十日,適值中秋,因觴幕中友賞月。忽堂外人聲鼎沸,有千萬人狀,閽者不知何事,但聞呼冤之聲震地。余令擊鼓升堂,張燈燭詢之。則自宅門以外、大門以内,人皆滿矣。咸曰:華亭縣令公出,其幕中友乘醉步月,在縣署外有豆腐店,其未嫁女二人頗明麗,縣友戲之,店女詈之,反身入署告縣差,差即持鎖鎖賣豆腐者。衆人步月,咸不平,故擁而喊冤。余曰:"此易事、小事也。"令將賣豆腐之項鎖松起,委知事廳赴縣署鎖縣幕來,令其補呈,明日再辦。衆人歡欣而散,余亦退堂。後竟無補呈,必有調停之者矣。翌日令回,余令逐其幕。而幕背造謠言於上官前,余不恤也。余初到松十餘日,忽衆人喧鬧喊冤。坐堂訊之,則生監數十人,皆不衣冠。問:"何事?"曰皆北門外人也,因友人文會畢,相與鬥紙牌爲戲,有府縣之轎夫在伊門外開寶,諸生逐之。轎夫反唇曰:"相公鬥得牌,我們即開得寶。"一生用脚踢翻其開寶之席,轎夫即入搶其紙牌而去。故衆生合爲先發制人之舉,而轎夫亦以紙牌呈。余曰:"秀才固不該鬥牌,而轎夫非拿賭之人,所謂燕有可伐之罪,齊非伐燕之人也,即屬多事。且轎夫與秀才訟,即直在秀才,而曲在轎夫矣。士爲四民之首,尊卑有序,將轎夫各責二十板,革而枷之。"諸生欣然,揖欲退。余曰:"且住,有一言奉告。本府亦係秀才出身。秀才賭而禁人之賭,藏心不恕也。秀才與轎夫爭鬧,品不高矣。到公堂不衣冠,無禮也。而以一訟勝於轎夫,遂有喜色,器量淺也。願諸生敦行立品,此小事也,不足介意。秀才爲宰相根基,他日正未可量,諸生勉之!"皆慚而退。而松江人遂以余爲因事設教也。

鮑熙冤家到頭

無錫縣有廩生鮑熙者,健於訟,爲人作呈詞,如原、被之家產不盡傾不止。江以南受其害者衆,而常州一府尤烈。自林少穆陳蘇臬時,即拘而訊之,因無實據釋回,而熙則虎而翼矣。陶雲汀撫吳時,又拘之。歷任蘇守,皆不能辦。熙之子三人,有長子鮑堂,比其父尤雄。每余出門時,必來呈訴,其呈內所訴,皆合理法也。是日,提被害之人九起,所言皆鑿鑿有據。及熙來,必曰求對質。令與質,皆不敢言。余拍案曰:"民之畏熙,甚於官矣。熙以一介寒士,始以教讀爲生,今已巨富,錢從何來?積威約之漸,以至於民到公堂之上,不敢半言分辯,此巨猾也。即照衆証明白,即同獄成例辦之,但須一奏耳。"陶宮保曰"善",遂入告,而旨"可"。當余拍案大怒曰:"令鮑熙下去。"余知其子每提訊時必於大門外候與言,因遣人密偵之。熙見其子曰:"即回去,不必再訴,此冤家到頭也。"余又提詢之,默不言。再詰之,乃曰:"熙拘禁數年矣。他人皆不能辦,而公能辦之,此非冤家到頭耶?"余曰:"爲數十年常州之人除一大害,我甘作汝冤家矣。"笑而遣之。時朱幹臣督部撫粵,與余素未謀面,忽一日得其手書,謂"能辦此案除一大害,桑梓蒙庥"云云。余愧而報謝之。督部與余終未能一面也。

臬司每日審案

余由刑部郎出守松江。初到任,查督撫、藩臬、學道批府提審之案計八十餘起,皆發華、婁二縣承審。余曰:"此飭府親提審訊,何發縣耶?"而幕友、書吏皆曰：“各省各府皆然。”余笑曰：“此曠官也。且知府有表率之責，己不審理，而使人代之，表率之謂何？”因自親訊四十餘日，而各案皆結矣。因謂屬縣曰：“各縣事務極多，府中提訊之案，概不敢奉煩。而公等亦宜日日堂皇聽事，多結一案，即一案之人少累一日。我府中事，我自了之，而縣中事，君不能了之，又將如何？”又立巡環查簿，每半月開單報明。計在松江百日，而七屬邑共完結三千數百案矣。調蘇州府一年，亦如之。迨山東臬司任內，案有十餘年、六七年、三四年未結者，又有案涉疑難重大不能結者，皆親訊之，或二三十日，或十餘日，或七八日乃結。總以案一日不結，即余一日不敢少安。道光十三年調川臬，路過西安，時官鹽道查九峰，素好也，見而笑曰：“聞君在東臬任內，日日堂皇聽事。我在河南之汝光道署臬司二次，在陝西署臬司二次，且昔年爲幕友，二十餘年皆刑名也，所到各省，未聞臬司日日自行審案者，公所爲未免大失憲體。”余笑曰：“臬事所關甚大。東海孝婦銜冤，三年致旱。刑罰不中，上干天和而水旱疾疫因之。憚其勞苦是曠官也，己避其勞而以勞人，非恕道也。公雖愛我，我只自求心安，不敢改絃易轍也。”後到蜀而刑名雖繁，亦如之。故所到各省，有以爲政問者，余曰：“一勤天下無難事。”

山東臬司任內，有蓬萊縣武生曲文和兄弟，因命案牽連，自道光元年至十二年皆監禁，髮長如婦女梳頭矣。余以三十七日親審結之。泰安縣張大成謀殺案，起道光六年至十二年，余以二十日審結之。又濰縣梁明典案，自道光八年至十二年，余以二十七日結之。餘如三四年之案亦四五起，皆審結矣。頭緒紛繁，均載臬署，不能詳記也。

巨盜馬大皂案

山東郯城縣，界鄰江南桃源、宿遷及沂州同屬之莒州、費縣、蘭山，素爲劫盜出沒區。道光十年起，有巨盜馬大皂兄弟五人爲首，糾約夥黨五十人，皆精拳棒技藝，一可當十，以故到處糾劫，大爲民患。鍾雲汀制府撫東時，與余商兜緝法，嚴檄急切，迄未獲一。余曰：“不詳知盜之根由，僅以空言嚴切，於事何益？”因飛調該縣令易煥暄來省，詳詢各盜踪跡。詰以何不設法擒捕，默不言。余曰："中丞因汝所部民爲盜，到處疊劫，即登白簡，爲何不言？"易淚下曰："某自戊辰以進士即用，令山東，已十六年矣。山東故盜藪，每上官下緝盜之劄甚嚴，及進謁時又若忘其事。即言之，亦是一片空公家言，屬官唯唯，似奉命惟謹，而退亦若無事。且盜既聚，衆若擒之，必拒捕。官督兵役與盜相持，死生即在呼吸。或盜有受傷致死，上官又一派官話，百計駁詰'何不生致而僅獲死盜，又無供證，不能成案'爲言。是屬官費盡氣力與盜拚生死，反不討好而得罪者，比比然也。今初見我公詢之極詳，籌之極熟，若以尋常泛辭相應，卒無實際，恐無以對賢上司，故不言。若認真緝捕，則與盜決生死，兵役亦必有受傷。職雖獲盜，得不償失矣。惟公主之。"余曰："盜衆而悍，汝能設法全獲，即一二死盜何妨。若計出萬全，即兵役當不至傷亡。即有邂逅致傷，我爲汝主。但盜既衆，當先以計誘之，乃能一網打盡也。"易曰："邑有捕頭毛繼先，初亦劇盜也，後改悔，充縣捕，與群盜必有舊，當商之。"余曰："是也。與汝兩月限，若能將此案全獲，即予升擢；若不能，即予罷斥。惟汝自擇。至捕時，盜必拒。其盜與役有傷損，我自爲汝主張，不使受過也。"易歡然叩頭曰："能得大人主張此案，盜可得也。若嚴責之而又掣肘之，某只有俯首聽參而已，無法也。緝盜安民，知縣之職，誰不願力行？而勢多窒礙，故不得不甘受參處。如公之認真緝捕，屬官不力行，直無人心耳。行之有效，本分宜然也，又何敢望升擢。"遂去，約二十日即詳報，此案五十人，全行擒獲，惟死者三人，抬炮二桿，鳥槍二十桿，藤牌四面，鴈翎長刀三十柄。即日親自解省，途中又死盜四人，而兵役只有受槍傷、刀傷者七八人，並無死者。詢之，乃易與城守魏某議定，令毛捕往誘群盜至一客店內商劫，文武官軍兵役二百餘人長槍大戟兼帶火器圍之。自夜至次日午，盜在內放槍，兵役在外圍守，久不得入。後將兵役排列一面，積薪放火焚之，盜乃蜂擁出。兵役槍炮并發，刀槍齊下，盜半受傷，無得脫者。此案嚴辦後，而沂州一帶無盜矣。適有兗州同知缺，即以易升之。而城守魏都司因此案，旨令引見，亦陞游擊。足見辦事甚難，屬官非不欲自盡其職，而上司純是一片官話，不肯作主，又復掣其肘，而未立功

39

先受過，故事皆廢弛，能振作之在上官耳，請思之。

夏長壽非謀殺正兇

四川雷波廳有民人李祖貴，娶妻黃氏。祖貴有外交，常不家居，李黃氏僱鄰人夏長壽種地。長壽年十六七歲，黃氏年三十餘歲，遂與長壽有奸。嗣祖貴微有所聞，聲欲殺壽，壽懼，遂逃出至二百里外監生張學嗣家傭工，三年不敢歸矣。黃氏又與張二有奸。因歷年黃氏種地畜產，積有錢文，每被祖貴強取以給所私。黃氏憤恨，與張二商，允乘間謀殺祖貴，嫁與爲妻。黃氏又云伊與夏長壽先有奸情，如破案并牽長壽，或罪不加衆也。遂向長壽之母龍氏借劈柴斧一柄，聲言劈柴。是年十月初三日，李祖貴歸。黃氏以酒醉之，即與張二用龍氏家所借來柴斧，連砍頭上殞命。又將其尸分割，用背兜盛棄山澗。嗣李祖貴堂弟某，因祖貴久不見面，又見張二身上所穿舊破羊皮馬掛及套褲係祖貴常用之物，心疑，赴官呈告。拘到黃氏，供認與長壽有奸，謀殺於十月初一日。謀定乃以二千錢僱張二幫手，嗣因殺訖無錢給與，故以祖貴舊穿已破之馬掛套褲作抵，伊與張二事前事後皆無奸情，兇斧係長壽拿來。雷波廳拘到長壽，認奸不認殺。因黃氏等極口咬定，長壽亦即誣服。遂照例以夏長壽擬斬決，黃氏凌遲，張二絞候。余以"張二與黃氏先後既無奸私，何以二千文輒許殺人？即云因利起見，而殺訖又無現錢，僅以不值二千文之破舊馬掛套褲作抵"，駁發成都府再審。二次均照原供申覆。余曰："黃氏、張二之罪固無可疑，而夏長壽之逃往數百里外，又數年不敢歸，不能無疑。"乃親鞫之。而黃氏、張二之供甚確，夏長壽均不能分辯，只是痛哭。遂密提夏龍氏、張學嗣等隔別詳訊，始知柴斧乃係黃氏借借，追後因柴斧有血跡，埋在地內，屢討不還。張學嗣亦供："自僱長壽種地三年，並未一日回家。且十月初一日係伊家娶婦，至初五日，家中因應酬喜事甚繁，長壽皆在伊家供役，並未別離。"即黃氏、張二所供夏長壽於初一日回家，初三日同殺李祖貴之事，不足憑矣。因提訊黃氏，告以"張二均已供明，並無長壽同謀"等語。黃氏請與張二對質，余曰："俟汝供明再質。"故靳之。遲之又久，故以游詞探之。黄氏忽怒而大罵曰："張二昧良，與我當天立誓故誣長壽，雖死不悔，何反先言耶？"遂將前情供明。令即收禁，又提張二，即以訊黄氏之法訊之，亦嘆曰："此公堂鬼神所使也。本係黄氏主意，説出長壽雖死不悔，如黄氏言。"遂提黄氏對質，兩人互相抱怨，聲情畢露。乃改擬張二斬決，夏長壽照例枷杖，而承審官錯擬，亦示之罰。嘻！臬司過堂之案，若犯人順供即令畫諾定案者多矣。此案非余覷出有疑，親自研鞫，而夏長壽早入枉死之城矣，可不懼哉！

四川米貴平糶始末

蜀，沃野千里，產米區也。故川米每年由川河水運，以接濟兩湖、江西南各省，由來久矣。道光十八年三月，余在川藩任，成都米貴。始則每斗三四百文，數日即斗米五六百文矣。向來川斛每斗大小不等，成都每斗二十八斤，重慶以下每斗三十三四斤，故川米以制斛較之，常年每斗三四百文，每升則十文而強，此其大較也。至五六百文，則每升已至二十餘文矣，民遂以爲貴。成都省垣，每城門所進米石及時價多寡，每日門軍有單報督、藩、府、縣衙門。計城廂每日食米二百二三十石，而入城之米，每浮於所食之數。時則入城之米漸減，或百七八十石，或百二三十石，或僅及百石。余集府縣議曰：上年下游各省豐登，則米無搬運；蜀亦大稔，即米有贏餘。何至數日之間，價至倍而有奇。此必奸商屯積居奇，或道路運米有窒礙之處，故米日貴而入城日少。乃嚴檄各州縣稽查屯積，并每日親到各鄉勸糶，兼查有無阻米搶米，隨時報明。又嚴檄成、華二縣將倉穀十六萬石，僱礱夫千人日夜礱之，將以平糶，每日人買一升，比市價減十成之四。余又捐廉四千兩，集同寅捐助得萬有奇，密差幹員四鄉買米，運到省垣，減價平糶，意謂市價可以漸平。而數日間，每日查入城米單不過七八十石、二三十石，余駭然。而米價斗米由六七百文漸增至八九百千文矣，不解其故。當查，係成都府謝興嶢，因米貴出示勸民出糶，示內有"米石驟貴，貧民買食維艱。汝有穀之家，宜及時乘好價出糶。今本府爲汝定價，每斗不得過六百文。如不出糶，設貧民因乏食群聚搶穀，誅之不可勝誅，又將如何"等語。謝故能吏，其意在剀切勸諭,而措詞失檢,奸民遂向有穀之家始以強買,繼以強搶,而道路梗塞,粒米不入城矣。余即日四面示諭:"如強買者重責,強搶者即時杖斃。"檄各州縣不准居住衙署,每日於境內巡行,查明屯積者勸之,搶奪者懲之。數日間米價斗米至千二三百文,人心惶懼。方檄成、華二縣料理大寺院即日示糶間,而外間傳云,有數萬人環繞督轅,勢甚洶洶。余曰,此因米貴求糶也。即馳去,見填衢塞巷,督轅東西轅門已擠倒矣。百姓望見余至,大叫曰:"蘇大人來,讓路。"余曰:"汝百姓聚衆何爲,欲謀反耶?"皆曰:"不敢,只要米耳。"余曰:"要米須向藩臺要,不宜向制臺要。且制臺現在臥病,汝百姓徒滋吵嚷何益?"咸曰:"即向大人要米。"余曰:"同到藩署自有話説。"余先行,而後面隨來百姓愈衆愈多,已及數萬矣。余到大門外下馬,立於棹上,大聲令衆百姓敬聽,皆歛聲以待。余曰:"成、華二縣日僱千人礱米,汝百姓知之乎?"曰:"知。"曰:"礱米爲平糶也。汝百姓米貴,我有牧民之責,早爲汝百姓籌之熟矣。若聚衆諠譁,致我爲汝辦米之人心亂,豈吵嚷遂爲有米耶?"皆曰:"今早通城有錢尚買不出米,故人心惶恐。亦知大人日夜碾米,原爲平糶,但恐等不得。"余曰:"明早即開廠平糶矣,一在某處,一在某處。"衆皆叩謝而散。首府縣方來,余曰:"頃百姓聚衆至督署,我去半晌,乃將百姓叫來諭散,不見公等,何耶?豈畏不敢出耶?如果百姓欲作亂,即不必告官。既告官矣,而官長不見之,傳言一錯,即事起矣。苟欲作亂,即緊閉衙門何益?此我所以敢去,而公等所以不敢去。其實無他謬巧,只在看得透不透耳。今事急矣,明早即開糶。"咸以爲米雖有,而平糶之地一時備辦不出。余勃然怒曰:"平糶在米,我已向百姓許以明日,何可再遲。今若辦不出,待我爲之,如果明日我亦辦不來,即毋庸議;如果我能辦得出,則公等何以對我?只好將一府二縣之印交來,另行辦理耶!"乃皆懼而答應。去其時方及午,繼之以夜,米已礱出,止散米之地,少爲料理即得矣。余又開庫,提出銀十萬兩,每千兩一匣,每匣外大書藩庫發銀十萬兩,買米平糶,人肩一匣。送府縣衙署,外間喧傳而衆心安矣。制府鄂公聞之,召余曰:"庫發至十萬兩,非奏明不可,公何孟浪耶?"余曰:"事急矣,先宜安之,後再議也。如他日有虧少,某自當之。"計平糶九十日，成、華之倉穀不敷，又召仁壽、內江各縣之穀濟之。始設二廠，繼設四廠，又設六廠、八廠。男女分之，每人買一升比市價減十分之四五，計每日買米之人約十二萬有奇。計九十日之中，日不安食，夜不安寢，而髮鬚皆白矣。又成都十營，計兵六千。兵民相爭買米，恐釀釁端。先期咨各營造冊，每十日計，兵一名給米一斗，不準與民爭買，其米價即於每月領餉內坐扣，故兵亦感激。維時，楊海梁通侯集紳士捐銀，買米平糶，在南門內二道巷初開廠，一日擠斃三十八人，傷者百數十人。又有紳士在小關廟捐貲平糶，一日擠斃十人。而官設八廠每日買米十餘萬人，皆晏然無事也。迨米價平而新穀熟，年皆大有。城鄉百姓以余活數十萬人，皆製傘製匾，父老子弟日數千人以鼓樂送至藩署。余以例禁力止之而不能，今懸於藩廨大堂者，曰"萬家生佛"，曰"有大功德"，曰"成德至善"，曰"立我蒸民"，曰"恩周卒伍"，餘則"仁心仁聞"、"澤及全川"，計五十餘件，皆置福建會館內。迨余由制府降臬使、陞大理卿入京，起行日，數萬人自臬署送至城外，及所過村莊皆環跪感泣曰："大人行矣，我們有事當如何！"余亦下車慰勞之，而百姓咸曰："即米貴一層，公全活無數。今將去矣，奈何？"皆放聲大哭。余亦灑淚而別。足見官苟實心任事，民未有不知者，而民情大可見矣。

成都相沿四門，有大米店四家，每年供應府縣三監人犯食米，並大比年□應場中米石。官給價三，市價十之六七，故大米店居奇。每年由府縣示諭，不准民間零星賣米。當米貴時，余手示懸牌聽百姓挑米入城，用小簸箕零星糶賣，每米上插一牌，注明每升價若干。余每日城內外巡查，每遇零星賣米，必停視，而貧民更便矣。

或曰："當數萬人聚眾圍督轅時，非公平日能得民心，斷不可去。觀於公到時皆同聲曰'蘇大人來，讓路'一語，足知公平時之有以得民心矣，否則督署且圍之，轅門且擠倒矣，何有於藩司而同云'讓路'耶？故各官皆不可去，而公可去。"此說亦近，故附錄之，以見官與民在無事時，不在有事時；平時能得民心，即有事亦化無事矣。以備一說。

是年雅州民亦乏食，餓殍載路。張曉瞻觀察百計捫循，勸捐平糶，而雅係瘠地,皆捐不出。詳細函商,余接信當夜即手致曉瞻,先將道庫提銀五百兩爲余捐倡。後紳民咸云:"藩臺遠在省中尚捐錢,况我們生同井里耶?"一日而捐者及萬矣。雅[民节食]以濟。迨事定,曉瞻來信云:"雅安縣紳士已[將捐銀]繳還。"余曰:"深感紳民厚意,但余言出而實不至,奈何?即以此銀存普[济堂],□□荒用。"

劉芳志、駱先揚命案

資州仁壽縣駱先揚命案,延五六年未結。余到川臬任,每出門,先揚之弟先義必跪於門外求伸冤,因提卷宗閱之。因先揚田內有水塘一口,忽有莊鄰劉芳志死尸,報官呈驗,後訊係無傷自行落水,傳先揚到案審訊。芳志惟有一女,已嫁,餘無尸親。女以伊父頭上似有傷訴,該縣嗔其誣告,掌責之,並責其女之□,遂不敢告。飭先揚以地鄰代爲殮埋。時刑書鄒居賢以先揚家富而懦,可以敲詐,遂令差楊太等將駱先揚帶至縣署前娼妓家,先飽之以酒食,後□以中□□□事,先揚遂許銀五十兩。惟楊太等欲現銀,而先揚言須回家措辦,不允而相口角,楊太用脚踢傷其小腹斃命,妓者某及奸夫某皆目擊。楊太往告居賢,居賢懼,即與太商議,用繩拴先揚尸頸,拽至城外五里外,懸於樹上,作爲回家時自縊情狀。其家報驗,該縣往驗,而刑仵皆居賢熟識,頸有繩痕,遂驗爲自勒身死。先義赴省呈告,派員覆驗,因頸痕周匝前後皆有結扣,又驗爲被人勒斃。而成都府屢訊,其情愈變,卷宗甚繁,案乃延而不結矣。余欲提訊,而府中委員及司中幕友咸阻余曰:"此案太空而難,若自訊不出,又將如何?"余曰:"且訊之。"歷十餘堂,又飭提見證,一一隔別訊之。即當場目擊之妓女與奸夫,居賢恐其敗露,先行嫁至重慶,千里以外,亦提到鞫之。則劉芳志尸係與某口角,被某一拳毆其頂心偏右,昏暈落塘身死,某亦在案。駱先揚尸傷係楊太踢傷小腹,用繩假裝自縊,並非自勒,及被勒各前情。時官與幕咸以數年不能結之案,一旦審出,又皆與前卷毫無影響之似,未免太空,不能成招矣。余曰:"不然。所審與前所驗之訊既毫不相類,提尸驗□便明白矣。因提而驗之。□日余同首府及老於□□□

官同到白塔寺，□□□之即劉芳志尸骨偏右□□骨損，手足□及□□□泥沙矣。駱先揚尸骨□□及頂心皆有血暈，而頸□即黃白無故矣。衆皆嘆服，其獄始定。後聞仁壽民□以余爲神，而實無他謬巧，不過虛其心以鞫之，勤於事以行之，不畏難、不苟安而已。

治蜀中幗匪

蜀幗匪之害由來久矣。乾隆年間，周海門侍郎具奏嚴辦，正法至數百人。該匪思欲焚侍郎家以報仇，侍郎又入奏，有旨以兵守之，後乃少戢。余以道光十三年臘月杪到蜀，聞匪徒黨與愈結愈多，有"大五帽頂"混名，即良家子弟亦多被煽入夥。蜀民買田，即中田有廬，故鄰里相距甚遠，並無聚族而居者。該匪徒等身懷利刃，每至人家索銀索食，且輪奸其少婦弱女。民告於官而未差擒，而匪徒即於隨後又來，放火殺人，而深受其害不敢言。余抵任間□率衆之除莠安良□□□□博詢文武員弁思所□徯獲之法。咸曰：兵役追捕，匪徒必赤身紛竄，於途中遇婦人幼子，即挾以行，□先扣頸。若急即先殺人，名曰"紅案"。兵役以"未得匪徒，先傷良民"故，緩其追。迨追者行遠，匪徒即將所挾之人以刀劃其臂膊一二處，以爲表記。余因與文武商之：如兵役追捕，即用鳥槍先傷其足，該匪必不能遠遁。而制府鄂潤泉宮保存心慈惠，恐兵役妄殺，波及無辜爲言。余曰："非有名幗匪，不許擅發火器。若真知灼見爲窮兇極惡之著名幗匪，又難於拘執，此匪徒所以日熾也。且兵役若藉端挾仇殺人，律有明條，又何憚焉。"乃令四處搜捕，得著名之陳三刀靶、陳二、曾妖胎等五人，審明後恭請王命，押赴犯事之郫縣地方正法，數萬人環視稱快，懸其首於路。百姓用紅白黃綠紙，書"除莠安良"、"青天白日"、"辟以止辟"各字樣，遍貼通衢曲巷，皆據實入告，奉硃批："所辦好。欽此。"又聞邛州大邑縣唐家場地方有李碑喜、周二、周三等幗匪其害更烈，因密查得實據捕之，而匪徒等以無人告發，堅不承認，因派員弁化裝易服，將被害之家□□十餘人隔別審之，□□之婦女已數十人，而□其不知者又不知凡幾。余曰："汝等皆年輕惡少，總因官之教化不明，致汝等罹於大法。

今欲縛而殺之,於心不安。若縱而不殺,爲害更甚。律輪奸婦女一人,即擬斬罪。汝等所犯數十數百矣,而强搶强劫財物者無論。今不能不借汝數人之頭以儆其餘,不得已也,非本心也。"亦押赴大邑地方,請命正法。派文武員弁帶兵押赴時,沿途百姓酒飯迎送,而數萬人環視,行刑之愉快,不必言矣。委員抄回百姓墻壁所書甚多,内有"然後殺之"四字極爲恰切。余每出門,遇鄉民挑葱賣菜者,必向余叩頭。詢之,即卭、大一帶素受李碑喜等害者。於是,余在蜀七年,匪徒歛跡矣。《書》云"辟以止辟",古人豈欺我哉!

尸不確不可定案

富順縣民婦李氏,與傭工彭某有私。李有子外出,待童養媳順英虐。順英逃出,遂與百里外素不認識之黄木匠苟合,生有一子,而李與彭皆不知也。順英之兄外出歸,不見其妹,遂控於官。官拘李與彭訊之,奸屬實,又素虐其媳,遂爲致死滅口。適李附近三四里許有一水塘,深丈餘,有女尸浮出。官驗之,以訊李與彭,亦誣認定獄。招解到省,尸格内填"兩手背縛,尸之面目爲池魚嚼爛,僅□□墜石磙",及"尸未纏足"等語。余曰:"據供李謀殺順英,乃至見尸日已□□□□,何以尸未潰爛?"衆以□□□□時寒爲解。余曰:"若尸身未爛必非順英,當别員之命案也。"令不服,且有微詞。余終駁之另緝,衆皆謂余過於拘。迨及一年而順英歸且抱有子矣,皆嘆服。而前此所驗之女尸,則另有一家夫妻口角,怒而歸,行至半途自投於池,池主畏累,以繩背縛欲移至他處未果者。足見命案總以尸身爲憑,尸不確不能定讞也。

同寅和衷説

《書》曰:"同寅協恭,和衷哉!"余曰:"各盡其職曰和衷。"外吏辦事無論大小,皆自州縣起,上至督撫皆一事也。若同心商酌,歸於一"是"字,有何利之不興,害之不除哉?今之上官,或挾意氣以自雄,或示深沉以養度,或以機詐相待,或以官話相繩,以致下情不能上達,即有聰明亦陷於不知而誤者多矣。不知天下事以情理爲經，以時勢爲緯。无固一定勢，乃屢易公是公非，又參以時勢，利則興而害則除，陞降黜陟，不過代□□國家法律，行之於己□□□又何意氣自雄□□官話之作態也哉！

從政雜錄跋

嘗讀漢宣帝之詔曰"獄者所以禁暴止邪，養育群生也。能使生者不怨，死者不恨，則可謂文吏矣"，又曰"今則不然，增辭餙非以成其罪，奏不如實"，未嘗不廢書三嘆。刑罰不中，至漢而已然矣。孔子曰："居之無倦，行之以忠。"昔人謂"有實心而後有實政"。實心者，以忠也，顧能者幾人哉？吾師起家西曹，一麾出守，受天子特達之知，陳臬東魯，秉節西川，揚歷中外垂三十年，所至有惠□□□□無倦以忠之旨，本實心以敷實政，故頌声□然，萬口如一也。暇日，記其治訟折獄諸事以爲家乘，名之曰《從政雜錄》。□□□□謹受而卒讀，其言皆□□□之事，信而可法；而其聞可驚可喜，可感可□□□皆得之躬親閱歷，故道其已經親切有味。以視他人之以文誥條誡爲政者，其華實奚啻上下牀哉！蓋公之忠信明決、易直慈惠有過人者，故遇事無窘，而精誠所感，鬼神來告矣。他若因事設教，易俗移風，有古循吏之風焉。而"尸不確不可定案"一語，則尤刑法家無等等呪。有父母斯民之責者，苟奉是編以爲則，即事而仿效之，將見治風日古，覆盆無冤，而其子孫有不昌大者哉？是誠治譜之金針，豈僅爲一家之言已也？爰跋數語於末，請付剞劂，以公同志。

道光壬寅冬十一月中浣，受業汪承祜跋於吳門意園西偏之聽雨樓。

校 點 後 記

《從政雜録》一卷,清代蘇廷玉著。蘇廷玉生平,已見本集前收《自記年譜》"校點後記"。

蘇廷玉在朝廷和地方爲官二十餘年,皆刑名案爲多。辦案中,他一貫以"兩造"的合法權益爲重,强調"公"、"勤"二字,躬親擘畫,忠信明决,力求辦快辦好,辦成鐵案。對前人遺留的冤假錯案,敢於據理力争,推倒重來;對久拖不决的疑難積案,能勤查細勘,早做了斷。

蘇廷玉辦案的特點,除了"以事實爲根據,以法律爲準繩"外,另加"以情理爲考量",有了"事實、法律、情理"這三件武器,再疑難復雜的案件只要經過他的手,也都迎刃而解了。蘇廷玉天才般的辦案才能,使得他聲名鵲起,成爲司法界的一顆明星,經常被上司命令審理異地的大案和積案。

《從政雜録》是蘇廷玉在歸田後的回憶之作。書中收集了他辦理過的典型案例近二十個,可讀性很强,案件的判决入情、入理、入法,後人把《從政雜録》譽爲"治譜之金針"(汪承祜語)。

本書根據道光二十三年(一八四三)《從政雜録》刻本進行校點。限於點校者水平,舛誤疏漏之處在所難免,敬請識者正之。

編 者
二〇一二年一月

亦佳室詩文鈔

目　　録

亦佳室詩文鈔序 …………………………………………… 楊慶琛　64
亦佳室詩文鈔序 …………………………………………… 陳慶鏞　65
亦佳室詩文鈔序 …………………………………………… 徐宗幹　66

亦佳室詩鈔卷一 …………………………………………………… 67
　初夏偶成 ……………………………………………………………… 67
　題魏笛生比部水繪園讀書圖 ………………………………………… 67
　游鼓山喝水巖 ………………………………………………………… 67
　過嚴子陵釣臺 ………………………………………………………… 67
　題許莱山同年湘月泛槎圖 …………………………………………… 68
　久住夏州紀事 ………………………………………………………… 68
　阻風燕子磯，游永濟寺，遍閱名人詩畫 …………………………… 68
　自新開河至龍潭書所見 ……………………………………………… 68
　順風口占 ……………………………………………………………… 69
　題潘功甫舍人嘉禾圖 ………………………………………………… 69
　衛輝府治北二十里道旁有殷太師比干廟墓碑，距廟墓十里，遥望
　　古塚累然，宰樹成林，黯然蒼鬱，詩以吊之 …………………… 69
　相嶺四時雲霧迷天，向不見日。九月二十九日過此，小憩武侯廟
　　煮茗，忽雲斂群岫，日涌一輪，土人咸以爲異，喜而有作 …… 69
　相嶺秋雪 ……………………………………………………………… 69
　初夏換竹簾搭凉棚口占二首 ………………………………………… 70

53

過蘇嶺口占 …… 70

論詩 …… 70

曉發侯馬驛 …… 70

題劉玉坡制府自立圖 …… 70

過李潤堂勛伯寓齋，讀壁間謝贈蘭詩，戲呈 …… 71

大雨 …… 71

題李鳳岡太守寓齋觀山亭 …… 71

癸未新正五日大雪誌喜 …… 72

題楊雪椒比部潄筆圖 …… 72

題陸虹江比部石門觀瀑圖 …… 72

同人歷游翠微、靈光、三山、大悲、龍泉、香界諸寺，遙望寶珠洞，歸爲長句紀之 …… 73

平涼道中口占 …… 73

同周介堂周松路游虞山，詩以紀之 …… 73

題王霞九太守青燈課讀圖 …… 74

紫栢山前謁留侯廟，次明太子少保趙文肅韻三首 …… 74

觀音崖 …… 75

亦佳室詩鈔卷二 …… 76

謝伯潛茂才將歸省，以風雪棧道圖屬題，率成長句並以贈行 …… 76

馬道驛阻雨題壁 …… 76

題富海颿中丞松陰補讀圖 …… 76

陳忠愍公輓詞 …… 77

秋日偕友人及兒孫輩游清源山登極頂遠望 …… 77

敬題曾即庵先生遺稿 …… 78

和陳江洲司馬贈句，即以留別 …… 78

題福鼎施烈女傳 …… 78

夜深治獄偕任虎卿比部作二首	78
和陸虹江比部秋懷韻四首	78
送質民姪禮闈試罷南旋二首	79
送陳木齋孝廉南旋二首	79
新正五日,與許茱山同年、王曦川農部集李潤堂勛伯寓齋小飲二首	79
送李潤堂都督之南昌任三首	80
題魏笛生比部珠江送別圖	80
題柳漁湖孝廉幽篁獨坐小照	80
題晉江杜貞義姑傳二首	80
早行書所見	81
題楊鑒泉明府草堂抱經圖	81
偕怡悅亭、張蘭渚比部夜宿龍泉庵露坐望月	81
偕張蘭汜、敬廉階比部晚登香界寺,步月而歸	81
使秦出都宿良鄉	81
保定西行即景	81
窰房	82
涇州早發	82
夏州旅夜聽雨	82
過韓淮陰背水陣處二首 有碑	82
滹沱河	82
自丹陽至鎮江夜泊江口二首	82
題葆逸舟觀察滄浪水清圖卷	83
題王南陂中丞師空山古寺殘詩舊感圖,次朱文正公原韻	83
題徐星谿總戎春波洗硯圖照	83
題吳江徐烈女詩冊	83

題蔣琴史同年所藏顧耕石學士遺墨 …………………… 83

懷慶道中 …………………… 83

棧行 …………………… 84

孟津渡河和旅壁韻 …………………… 84

雨度五丁關 …………………… 84

戊戌立春日，王春綬觀察招同人游杜少陵草堂，以立春草堂聯吟
　雅集分韻，得聯字三首 …………………… 84

夜泊大雪 …………………… 84

仙霞嶺題壁 …………………… 85

途中即景 …………………… 85

黃田晚宿 …………………… 85

水口夜舟 …………………… 85

使回再過相嶺廿四盤 …………………… 85

寶雞旅館露坐望隔河諸山 …………………… 85

接多時帆廉訪自庫車寄到奉懷詩，依韻却寄 …………………… 86

亦佳室詩鈔卷三 …………………… 87

自題六十偶現宰官圖小照二首　并序 …………………… 87

立春後小園擬陸放翁幽棲即次其韻二首 …………………… 87

散步小園偶成四首 …………………… 87

烟霞古洞有引 …………………… 88

游鼓山宿涌泉寺二首 …………………… 88

初夏雨後過東園與園主人坐話，歸成二首 …………………… 88

戊辰公車北上，除日，鳳山橋舟中作 …………………… 89

石碑街阻雨 …………………… 89

伏暑同人游南普陀寺 …………………… 89

哀郭烈婦二首　有序 …………………… 89

蘭花二首 …… 89
惠安驛阻風題壁 …… 90
水口途次 …… 90
于少保祠 …… 90
甲戌除夕 …… 90
嶺南舟中雜感四首 …… 90
治獄自箴，兼呈同事偕任虎卿侍御作 …… 91
題李鳳岡太守葆光丙舍，次鄭雲麓同年韻 …… 91
車輪偶敝柬同事諸君子 …… 91
李潤堂勛伯贈建蘭賦謝 …… 91
林石笥孝廉以留別古北口詩見示，奉贈 …… 92
苦熱偕郭藹士吏部作 …… 92
寒夜二首 …… 92
曾石友明府以宰黔陽時重建芙蓉樓詩記并唱和全冊見示，次韻二首 …… 92
臥病偶書二首 …… 92
紙鳶二首 …… 93
午日偕沈松軒、陳木齋、鄭春農、林韞山諸孝廉集陶然亭 …… 93
元夕郡館公讌，病未能往，却寄 …… 93
移寓萬明寺 …… 93
中秋月 …… 93
無題和友人韻二首 …… 94
讀李忠毅公褒忠錄題後 …… 94
水晶筆架 …… 94
玉蓮墨坳 …… 94
楊雪椒比部移居琉璃廠，以詩索和，依韻答之二首 …… 94

送李蘭卿同年出守思恩 ··· 95
題林石笥孝廉鷗波避暑圖 ······································ 95
張桓侯故里井,和昇賓旭侍郎韻 ······························ 95
試劍峰淮陰侯廟 ·· 95
郭有道祠 ··· 95
文中子故里碑 ·· 95
潼關 ·· 96
邠州大石佛寺二首 有序 ·· 96
西嶽廟 ·· 96
曉行山氣迷空 ·· 96

亦佳室詩鈔卷四 ··· 97

敬題謝向亭師讀書秋樹根遺照二首 ······················ 97
癸巳四月十八日奉命往祀泰山,禮成恭紀 ············ 97
摩崖碑 ·· 97
南天門并序 ··· 97
石經塔并序 ··· 98
乙未十一月初六日入覲,仰荷召對五次,恭紀 ····· 98
戊戌人日,張曉瞻太守招同多時帆廉訪,周藹餘、王春綬、尹石夫三
　觀察小集昭覺寺 ··· 98
登金山寺絕頂 ·· 98
感懷二首 ··· 98
九日寶雞道中 ·· 99
題富海颿中丞韜光步行圖 ···································· 99
梁芷林中丞以疾乞歸,賦呈四首 ··························· 99
借寓西湖聖因寺 ··· 100
涌泉寺東際樓聽雨 ·· 100

同人游萬壽寺歸,過極樂寺看牡丹,楊雪椒比部以詩屬和附五律一首。
　　…………………………………………………………………… 100
早起 ……………………………………………………………………… 100
題畫二首 ………………………………………………………………… 100
旅夜聽雨 ………………………………………………………………… 101
夜坐二首 ………………………………………………………………… 101
秋夜對月二首 …………………………………………………………… 101
常州道中二首 …………………………………………………………… 101
題程春圃年丈漁樵耕讀小照四首 ……………………………………… 101
晚泊喜晴 ………………………………………………………………… 102
白沙夜泊 ………………………………………………………………… 102
寒夜 ……………………………………………………………………… 102
渡揚子江 ………………………………………………………………… 102
題李潤堂勛伯自畫秋柯草堂圖二首 …………………………………… 102
陳渭川比部寓齋海棠盛開,同楊雪椒比部作 ………………………… 102
芹泉驛書所見二首 ……………………………………………………… 102
將至寧夏即景二首 ……………………………………………………… 103
華州道中二首 …………………………………………………………… 103
曉發太安驛 ……………………………………………………………… 103
金陵舟中作四首 ………………………………………………………… 103
黃心齋明府宰吾鄉有政聲,因公過舍止宿,留詩壁上。余於心齋未
　　識面也,聞兒子云,口占報謝二首 ……………………………… 103
題沈敘軒觀察苕溪歸棹圖二首 ………………………………………… 104
題龔秋帆將軍告歸圖二首 ……………………………………………… 104
西園小坐 ………………………………………………………………… 104
宿平夷堡二首 …………………………………………………………… 104

59

自題獨立圖小照二首 ……………………………… 104

梁芷林中丞築室南浦，連日趨謁賦呈二首 …………… 105

大風變雨爲雪三首 …………………………………… 105

意園春花盛開二首 …………………………………… 105

亦佳室文鈔卷一 …………………………………… 106

四川夷務奏稿 ………………………………………… 106

江蘇糧臺奏稿 ………………………………………… 108

示次兒士準書 ………………………………………… 109

時務説 ………………………………………………… 111

治虎説 ………………………………………………… 113

重刊蘇紫溪先生生生篇序 …………………………… 114

孫惕齋明經遺書序 …………………………………… 115

周石藩大令省心錄序 ………………………………… 115

官石谿先生讀周官序 ………………………………… 116

生芝草堂詩存序 ……………………………………… 116

亦佳室文鈔卷二 …………………………………… 118

絳雪山房詩鈔序 ……………………………………… 118

德化郭氏族譜序 ……………………………………… 118

校刻先許公文集序 …………………………………… 118

附刻先許公壟上記書後 ……………………………… 119

施母曾太孺人八十壽序代 …………………………… 119

文圃書院序 …………………………………………… 120

誠善局徵信錄序 ……………………………………… 121

南郊游記 ……………………………………………… 121

泉州武帝廟記 ………………………………………… 122

意園記 ………………………………………………… 122

洗心退藏之室記 …………………………………… 123
　　養廬記 …………………………………………… 124
　　泉州府學明倫堂立匾記 …………………………… 124
　　瘖鶴記 …………………………………………… 124
　　重修繼勇侯德公祠記 ……………………………… 125
　　吳氏小宗碑記 …………………………………… 125
　　忘情論 …………………………………………… 126
　　讀史合論 ………………………………………… 127
　　醉人論 …………………………………………… 127
　　治盜賊論 ………………………………………… 128

亦佳室文鈔卷三 ……………………………………… 129
　　江南提督陳忠愍公神道碑 ………………………… 129
　　福建水師參將張然死事略 ………………………… 132
　　天象紀略 ………………………………………… 132
　　吳怡棠太守傳 …………………………………… 132
　　蘇烈婦傳 ………………………………………… 133
　　江南提督陳忠愍公墓誌銘 ………………………… 133
　　陳忠愍公繼配曾夫人祔葬壙誌 …………………… 135
　　福清教諭周嶽李先生墓誌銘 ……………………… 135
　　林劍溪刺史墓誌銘 ……………………………… 137
　　龍溪施太翁墓誌銘 ……………………………… 138
　　歸郭敬軒孝廉旅櫬祭文 …………………………… 139
　　再與任虎卿比部索酒啟 …………………………… 140

亦佳室文鈔卷四 ……………………………………… 141
　　重刊先魏公文集後跋 ……………………………… 141
　　補刻先魏公新儀象法要後跋 ……………………… 142

61

先魏公譚訓跋 …………………………………………… 142
空山古寺殘詩感舊圖跋 ………………………………… 142
跋郭蘭石大理臨孟法師碑銘墨拓 ……………………… 143
跋郭蘭石大理金書八大人覺經 ………………………… 143
跋郭蘭石大理楷書千字文墨拓 ………………………… 143
跋宋拓九成宮醴泉銘 …………………………………… 144
跋岳忠武公行書墨拓真迹 ……………………………… 144
跋陳荔峰師手札 ………………………………………… 144
跋褚河南墨拓 …………………………………………… 145
跋董文敏孝經墨迹 ……………………………………… 145
跋董文敏論書手冊墨迹 ………………………………… 145
跋文衡山行書墨迹 ……………………………………… 145
跋磚塔銘墨拓 …………………………………………… 145
跋米元章手札墨拓 ……………………………………… 145
跋李靖亭侍御楷書墨迹 ………………………………… 146
跋張得天行書墨迹 ……………………………………… 146
跋趙松雪天冠山詩冊墨拓 ……………………………… 146
跋鄭耕門孝廉畫冊 ……………………………………… 146
跋蒙古珊濤畫冊 ………………………………………… 146
跋蘇文忠公表忠觀碑手卷墨迹 ………………………… 146
跋楊雪椒比部彙集友人手札冊 ………………………… 147
跋伊墨卿先生書石庵相國詩卷 ………………………… 147
跋劉文正公手札後 ……………………………………… 148
跋李忠毅公詩冊後 ……………………………………… 148
跋大士像冊後 …………………………………………… 148
跋寒林瘦石圖 …………………………………………… 148

目　錄

書袁安卧雪圖後…………………………………… 148

題昭覺寺圖………………………………………… 149

蘇母莊夫人墓誌…………………………………… 150

鼇石自撰壙誌……………………………………… 151

家誡………………………………………………… 153

校點後記…………………………………………… 155

63

亦佳室詩文鈔序

嘉慶庚辰六月，余以新進士觀政秋曹，在河南司行走，得與蘇鼇石四兄共事。公餘議論，暢所欲言，余心重其人。秋間，同派主稿，一堂鞫獄，虛衷質問，務得其平，余獲益於鼇石者多，鼇石亦以余爲臂指之助，先後入秋審處充律例館提調，敬慎彌至。嗣鼇石膺察典，出守松江，余奉太夫人諱，星奔出都，過吳時，鼇石已擢陝右觀察，舟中一晤，匆匆而別。道光癸巳二月，服闋入都，時鼇石陳臬青齊，奉檄祭岱宗，相遇於泰安途次，停車道左，立談者逾兩時。明年，余以郎中察典備兵蕪湖，旋即秉臬湘南，擢藩山左，鼇石以西川方伯晉膺總制，尺書往復，互以政事文章相切劘。蓋余兩人生同庚，居同里，服官同部，分則益友，親若同胞，歷三十年如一日，風誼若斯之篤也。癸卯正月，余以光禄卿致仕，鼇石先謝政，僑寓吳門，旋即挈眷歸泉州。暇時晉省，彼此過談，輒至夜分不能休。回首京洛緇塵，皇華驛路，真黄梁夢覺耳。壬子三月，遽聞鼇石之訃，始而駭，繼而悲，不知涕泗奚從。今夏，長嗣士榮以書來彙《亦佳室遺稿》，求鑒定並序言。余不能辭，爲録其可存者散行駢體文共七十餘篇，古近體詩二百數十首。嗟乎！没世無稱，君子所疾，人患不能樹立耳。鼇石幼而穎異，長而練達，宦游所至，綽有政聲。其遺愛在人心口，固不必以詩文傳。而即此詩文中，一種不可磨滅之氣流露於楮墨間，滔滔不竭，非胸中確有卓識，直抒所見，下筆烏能若是？余披閲再四，敬與愛並。擇其淳粹者，囑其孤付之剞劂。嘗臠知味，見豹一斑，亦足以慰良友於地下矣。是爲序。

咸豐四年甲寅夏，光禄寺卿、前山東布政使、署山東巡撫、山東提督學政福州楊慶琛撰，時年七十有二。

亦佳室詩文鈔序

　　道光癸未,余計偕入都,始識蘇龕石制軍於邸舍。時觀政秋曹,日事讞鞫,至晚乃歸。歸而詢問閩中疾苦、時政得失,常至漏三下不能寐。而述所上平反諸案,寧失有罪,不以苛刻爲能。尋而膺察典,出守松江,觀察陝右。壬辰,余通籍,前月適介圭入覲,由山東陳臬調四川。其地當漢夷雜處,刑名繁劇甲天下。旂指而獄訟以清,於是進藩宣,以兵部侍郎假節度。循例,總督統由巡撫洊升,而越次超擢者不數數覯,帝心簡在,中外咸以爲指日即拜真除。未數月,猓夷騷動,峨邊、馬邊、雷波、越巂四廳,民不安息,籲請舉兵撻伐,並陳籌餉事宜。

　　上以窮兵黷武非善策,降補四川按察,遂入副大理。未抵任,以年老去官家居。時適海氛告警,復爲四品京堂,辦理江蘇糧臺。事竣,引疾歸。每暇,則登山臨水,與二三知己聯吟賦志,故其詩成於退仕者尤多。然猶汲汲於公事,夙夜未嘗忘。如《時務説》《示兒書》,尤有關於禦寇安邊,足爲當世采擇。余丙午回籍,常相過從。談及夷務,則言:"盛京之奉天,直隸之天津,江蘇之崇明,浙之定海,閩之廈門、福州,粵之虎門,山東之登州,各備戰船十隻或二十隻,堵截要害,以俟其來而應之,所向披靡。"

　　京師辦賑,議運川米以濟,余嘗采其言入告,得旨"下議",嗣以督臣采買維艱,遂寢。倘復出而用之,其措施必更有可觀者。乃未幾而歸道山。先輩云亡,傷如之何!今文孫瑞書,抱其遺書來問序。不揣固陋,謹綴數語,以弁於篇。

　　咸豐五年歲次乙卯十月朔,晉江館侍生陳慶鏞頓首拜撰。

亦佳室詩文鈔序

　　咸豐癸丑冬，臺灣平，客有自海上來者，寄同安鼇石師《亦佳室詩文集》稿本，謹再拜而讀之。世兄奉遺命，屬弁言於簡端，不敢以譾陋辭。師以名進士，揚歷中外垂三十年。初涖余鄉，惠澤遍桑梓，嗣任山東廉訪，幹蒙一鶚之薦，執弟子禮。依侍未久，師即總制西川，復以廷尉致仕，睽違函丈有年。洎備兵來閩，謁見於鼇峰鷺嶼間，諄諄以治譜相砥礪。幹旋以憂去。及服闋，復奉命巡臺，再入門牆，竊幸其矍鑠如曩時。雲海迢遙，時頒手書，訓誨不倦，迄以未能登岸日親杖履爲悵，乃不久而抱心喪之痛矣。師在官，所至有惠迹，勤於政事，不屑以文章自顯。故詩若文，作於歸田後者居其半。然每一搖筆，輒能道其胸中所欲發，如萬斛泉源，不擇地而涌出，無事締章飾句，而自與古作者相合。又好爲有用之言，世所競風雲月露之詞，皆屏之。韓昌黎所謂"閎其中而肆其外"者，殆以人傳其詩文，非賴詩文以傳其人也。道光庚子、辛丑間，海氛方熾。時督運軍糧，值多艱之會，作不平之鳴，所作尤多，如《時務說》本忠憤所蓄，以發爲不易之論，至今讀之，猶凜凜有生氣。其《示子士準書》論戰陣之法，悉本楊忠武公之言爲訓。惜乎遽返道山，不能與當世將兵者大聲疾呼，以作士氣而張揚國威，余又不勝泰山梁木之思矣。因敬書以跋其後。

　　門人南通州徐宗幹謹識。

亦佳室詩鈔卷一

初夏偶成

匝地風威猛,飛塵入眼驚。紙窗緣底事,也作不平鳴?小雨潤於酥,濃花香入座。四面足圖書,中有客高臥。萬物非塊然,營營日不足。何如坐隱人,清閒又一局。

題魏笛生比部水繪園讀書圖

昔歲盛賓從,幾時變陵谷。繪水久無聲,寒烟護松竹。有客負笈來,蕉窗居可卜。庭借十笏寬,書許十年讀。金石自琅琅,一燈紅老屋。牙籤四壁高,虛心乃實腹。尚友到古人,馨香薦蘭菊。學成京洛游,名場任逐鹿。文思助江山,大筆健白斛。粵嶠探珠豪,南宮掄元獨。閣下判絲綸,雲司勞案牘。回首富多文,當年雞養木。此景那可忘,書味胸堪掬。有斐不可諼,詩人賦淇澳。

游鼓山喝水巖

日向山中行,夜向山中住。鴻雪有爪泥,飛仙自來去。石磴何縈紆,白雲飛朝暮。過眼豁煩襟,翠微隱高樹。

過嚴子陵釣臺

暮宿桐廬城,曉過富春驛。迤邐七里瀧,釣臺剩遺迹。慨想嚴子陵,叢祠倚峭壁。峻節與清風,閱世可千百。漢鼎四百年,至今無尋尺。老子一羊裘,留重青山色。醒眼塵世中,忘機數行客。嗟余淪落人,風波常役役。來往已春秋,篷窗吊古昔。名利亦紛心,汗發顏俱赤。去去從此行,不敢拜几席。風雨暗長空,攀躋不可及。高山草自青,寒江水自碧。先生若笑人,定知雙眼白。

題許萊山同年湘月泛槎圖

天上舊使星,披圖乃槎客。杞梓與芷蘭,搜羅歸玉尺。山列九嶷青,水到三湘碧。山水有清音,秋月照人白。

久住夏州紀事

杖策上輶軒,郵程排日記。西來到夏州,使院深閉置。內外不通風,重關立候吏。案牘紛且繁,大非初來意。錯節與盤根,乃以別利器。淑問及深宵,人情多詐偽。剔弊必鋤奸,神威懾鬼魅。已斷舊葛藤,爲興新樂利。入告有嘉謨,敬俟恩綸至。遂致久淹留,六旬苦旅寄。夜來聚蚊雷,燈影照無睡。乍暑又乍涼,棉葛衣兼備。公膳日雙雞,更鶩亦屢試。久客無主人,方笑猪肝累。所居既未安,如履不平地。言歸尚遲遲,獨坐心如醉。賴有素心人,苔岑無避忌。茗戰鬥詞鋒,神仙小遊戲。時復一解頤,妙香幽獨媚。獄具入告,候旨乃行。日夕無事,與瑞容、堂雲、蘭舫、李芋村以詩酒爲娛。

阻風燕子磯,游永濟寺,遍閱名人詩畫

危峰枕江邊,象形舒燕翅。奇險欲憑虛,猛力峰頭據。俯瞰空江空,白雲垂到地。乘風去不能,鴻爪偶留是。梵宇嵌山巔,東西永濟寺。撒手定懸崖,擘窠留四字。寺有"懸崖撒手"四字。我佛自西來,妙畫形神備。石壁有吳道子所畫佛像。佛樹有婆羅,槎枒含古氣。四壁富琳瑯,名公争遊戲。我來俗眼開,風師似有意。淹留已三日,萍蹤隨所置。畫舫燭花紅,江聲搖夢寐。

自新開河至龍潭書所見

種竹必臨溪,種花皆繞屋。茅屋兩三家,入畫亦不俗。中有高隱人,氣象含淳樸。婦女有桑麻,兒童有樵牧。雞犬既安閒,名利任馳逐。願澤以詩書,萬年安耕讀。

順風口占

幾日逆風行,今朝乘風至。秋色掛一帆,過眼飛鳥鷥。順逆本無心,循環似有意。欲參個中禪,試尋味外味。

題潘功甫舍人嘉禾圖

昨披區田册,農事各有宜。今展嘉禾圖,欣賡豐年詩。深耕先播種,十里香風吹。祥徵雙穎合,盈乃百室知。翩翩佳公子,稽田方畚畚。率育萬斯年,瑞氣先應之。願與告吳民,良法誰所貽。

衛輝府治北二十里道旁有殷太師比干廟墓碑,距廟墓十里,遥望古塚累然,宰樹成林,黝然蒼鬱,詩以吊之

賢聖六七作,獨夫乃荒淫。淇縣有殷廟六七賢聖故都碑文,後有廟。天心不悔禍,直臣當剖心。豐碑屹道左,苔蘚不敢侵。叢祠倚古塚,樹木何森森。天地有正氣,魂魄帝天臨。吁嗟乎,形骸入土皆灰燼,滿腔熱血何處尋?惟有懦頑聞風起,真誠忠孝無古今。

相嶺四時雲霧迷天,向不見日。九月二十九日過此,小憩武侯廟煮茗,忽雲斂群岫,日涌一輪,土人咸以爲異,喜而有作

絕頂霧迷天,朝朝不見日。今日憩山巔,羲輪推馭出。煮茗武侯祠,其勢凌崒崒。天空霧亦收,聞聲及兜率。維侯實威靈,撥雲尚有術。鑒此一片心,雨沐風亦櫛。無計可安邊,厚顏拜石室。揚鞭從此行,有懷亦若失。

相嶺秋雪

怪道侵骨寒,昨宵霏玉屑。草際猶成團,映日倍皎潔。遍讀古人詩,未見詠秋雪。胡廬河畔吟,僅有雍陶說。此景本難逢,此意那能別。我來月方九,冰稜

已如鐵。六出仍飛空,藉補凹之缺。行色縱匆匆,對此亦清絕。

初夏換竹簾搭涼棚口占二首

天道有寒燠,人心隨冷煖。裘葛貴因時,並非計長短。氈幬求秘密,蝦鬚尚疎散。四序任推移,無心雲舒捲。所以君子徒,隨遇中坦坦。

其二

暑氣漸薰蒸,池邊開菡萏。幾時爐火青,窗外北風撼。熱時莫愁炙,冷時莫嫌澹。若以判憂樂,何時不有感。且就瓜棚坐,游魚清一覽。

過蘇嶺口占

昔曾蘇嶺過,風篁滿清聽。今來三十年,無竹環石磴。縱有孫枝發,蕭疎殊不稱。急向寺僧詢,剪伐久已罄。盛衰互乘除,盈虛消息定。倚欄發長唱,暮靄四山暝。

論詩

作詩必此詩,定知非詩人。東坡句。作詩非此詩,其說又無因。借題或發揮,取譬必近仁。餘霞偶返照,含意乃求伸。時於字句外,相喻得其真。擲筆天宇闊,朽腐化爲新。縱無八斗才,要撲三斛塵。風雲有變態,花草亦精神。不黏又不脫,矩矱在先民。都無唐宋界,萬仞自立身。

曉發侯馬驛

青天無片雲,白地有殘月。樹影尚模糊,山形自突兀。前宵急雨奔,周道新泥滑。秉燭肅遄征,詩懷猶未歇。石罅漏燈光,山腰嵌板屋。阿誰霧隱堅,笑我風塵逐。列炬火飛星,初晴山漲瀑。連朝行路難,跋涉憐僮僕。

題劉玉坡制府自立圖

天地生才非無意,錯節盤根別利器。帝命浙東畀疆寄,維時妖氛魚百戲。

戰守皆難紛聚議,哀鴻滿地誰撫字？公獨精心徐位置,無端河上簇鐵騎。動多牽制生疑忌,萬難之中疾不避。雙手支撐忠與智,自立寫貌兼寫志。滿腔熱血知所自,吁嗟乎,丈夫生來多苦事,苟不自立即自棄。惟有心存君國義,乃可頂天與立地。

過李潤堂勛伯寓齋,讀壁間謝贈蘭詩,戲呈

一花勾出詩千首,滿眼琳瑯紛左右。循墻朗誦出脫口,芳情半是如蘭友。主人云夢吞八九,乃築長城爭劉叟。群公精神各抖擻,筆下龍蛇任奔走。賤子禿毫宜覆瓿,也向匠門縛敝帚。一枝貽我珍瓊玖,頓思效顰忘其醜。兼收辛辣付齏臼,泰岱何妨容培塿。火雲萬里蒸林藪,消夏無鄉困株守。瑤華四面蟠蝌蚪,便覺清風動戶牖。古人花時具尊缶,一石留髠兼一斗。沈李浮瓜七尺藕,詩社糟邱齊不朽。如何花開詩成後,甕頭春色藏又久。漫說將軍將腹負,青州真覺化烏有。一語寄君君笑否,主人愛花不愛酒。

大　　雨

秋心纔過七月七,秋氣漫天增蕭瑟。幾時不雨怨秋陽,一雨淋漓夜繼日。傾盆勢捲萬山來,積雨心疑四海一。黑雲到處蛟龍蟠,污泥滿院蚯蚓出。連宵不寐一燈熒,砰磤入耳崩屋室。滂沱震地欲陸沈,憂天杞人空戰慄。不知甚雨亦尋常,一書再書春秋筆。泰岱無心岫出雲,次舍偶然月離畢。自古三日即爲霖,欲補漏天總無術。一聲長嘯舒秋吟,紙窗夜永猶抱膝。

題李鳳岡太守寓齋觀山亭

紅塵一望深如海,塵外有亭翼然在。西山爽氣朗列眉,主人愛山心未改。十年投笏謝朝簪,一丘一壑具深心。偶然小築亦經濟,真從城市幻山林。涉園成趣當地隙,峰可飛來定千百。檻外秋雲過眼輕,山中秋月當頭白。先生愛客具尊罍,浮嵐如畫上金杯。滿壁琳瑯齊拍手,人生行樂知幾回。先生落筆心花

怒,螺髻紛羅指可數。著書要許名山藏,看山豈被山林誤?長嘯一聲豁遠眸,烟雲舒卷自朝暮。

癸未新正五日大雪誌喜

新換桃符纔五日,家家門户宜春筆。經年望雨老農心,一夜紛披花六出。銜珠玉龍今戰敗,鱗甲翻飛到下界。不是空中詫撒鹽,太平恩澤洽兩戒。入地都成滴滴金,何分瓊樹與瑶林?鬼斧神工歸大造,莫向紅爐著意尋。六街車馬自喧闐,錯落珠璣下九天。天心仁愛原如此,黍稷稻粱卜有年。

題楊雪椒比部潑筆圖

遥遥萬古矜著述,名山所藏編甲乙。精神到處輒縱横,羅胸萬卷許下筆。羨君意氣薄雲霄,入夢生花自垂髫。吮毫走遍齊閩粤,桓元蓮幕有郗超。徐孺屢下陳蕃榻,倚馬萬言大開闔。如許才華肯藩籬,如椽終許題雁塔。一行作吏下西曹,經綸翻笑筆如刀。畫師落筆開生面,目光炯炯頗添毫。披圖一笑驚絶倒,科頭跣足構腹稿。得句從人詫若仙,不作寒郊與瘦島。聰明冰雪幾生修,澡肝腸付冰甌。文士胸襟無長物,龍門百斛足千秋。與君同官勞判牘,疑非本來真面目。却輸入畫獨清高,一樹高梧數竿竹。相期如水證臣心,一片慈祥筆底尋。乃知潑筆有深意,灑到人間是甘霖。

題陸虹江比部石門觀瀑圖

宇宙蒼茫山水積,山為地鎮水為脈。如何匹練掛虚空,一痕斜界山骨碧。在山出山清濁分,上潭下潭八百尺。奔騰盛氣挾風雷,亂石排霄巖壑窄。直從絶頂飛白龍,神功無乃巨靈擘。水晶簾下幻雲烟,萬斛珠璣空外擲。棲巖自可挹飛泉,當年鴻爪來謝客。風流歇絶千百年,山靈猶艷游山屐。好山好水足卧游,奇觀到處按圖索。瘦馬敝車京洛塵,如何猶痼烟霞癖。半壁丹書翠黛羅,居然巖岫潤几席。斗大書齋容膝女,與君放眼話泉石。

同人歷游翠微、靈光、三山、大悲、龍泉、香界諸寺，遙望寶珠洞，歸爲長句紀之

天風吹我到山巔，紺宇瓊樓叠巘連。到處輒開新眼界，振衣許我挾飛仙。入山初入翠微寺，一碧荆榛匝平地。賴有靈光巋然存，塔陰未没苔紋字。當頭金碧又三山，捫蘿繞澗叩禪關。齊到小亭亭上坐，萬千圖畫露一斑。何來峭壁千丈立，危磴紆迴百其級。海棠溝外六月寒，玉泉許作西江吸。大悲寺有石壁一片，下寫"海棠溝"，石上鐫"玉泉"二字。絶頂松濤勢翻虹，龍泉庵古松四株，皆千年物。干雲直上瞰龍湫。棲巖漫說飛泉挹，下視雲烟點點浮。暮烟蒼峭月光射，佛燈如豆穿樹罅。走來香界不聞香，歸途磴滑絮雲藉。山非極高水非深，無一直處耐人尋。是時九月秋光老，峰峰樹色紅半林。與君歷磔長安市，十丈紅塵雙輪起。偶探雲塢躡霞蹤，便如躋身化城裏。或恨名山僧占多，縱能歸我又奈何？平生事業全未了，敢向深山禮維摩？祇須此地留鴻爪，霞首雲背雙眸飽。健筆曾誇五鳳修，琢雕終遜山靈巧。山靈大笑來何遲，芙蓉盡盡如列眉。寶珠洞墊嵌絶壁，猶待摩崖幾字詩。不知造物藏無盡，留結後緣入勝引。千尋未上氣已吞，一簣猶虧未堪哂。僧厨素饌酒盈尊，談鋒利欲劚雲根。懸崖立脚非容易，夜深未定夢中魂。聯袂歸來千山暮，回首層巒幾烟樹。他年有約許重來，十日空山抱雲住。

平涼道中口占 沿途皆童山，相傳爲唐、宋戰場。

同是山重與水複，如何枯槁及草木？千盤百折勢穿雲，敗壁頹垣兩三屋。古來此地屬西羌，漢魏而後皆戰場。地瘠民貧何所有，空留戰士骨生香。我從山外揚使節，搜盡榛蕪無斷碣。涇水中央一線奔，連峰際天飛鳥絶。吁嗟乎，飛鳥絶，地險設。沙場憑弔半斜陽，風聲空際猶嗚咽。

同周介堂周松路游虞山，詩以紀之

游山初入興福寺，石磴紆迴尚平地。空潭福石藏破山，舊爲破山寺。廉泉清

與龍泉試。寺有君子泉。碧蓮都覺支蔓刪,古檜猶存纓絡意。籃輿屈曲沿山行,百轉千盤踏空翠。維摩法界隱中峰,梵宇琳宮烟霞秘。朅來望海樓外立,梅花如雪香撲鼻。寺有望海樓,可眺狼山。樓下梅花盛如香雪海,余書聯云"海氣飛來開眼闊;梅花香處置身高",今懸寺壁。更從空際俯空濛,飛泉激石拂水異。雨花霧穀澹人衣,傳聞福水見為瑞。拂水巖,一名福水,在山頂,水流石上,微風激水,飛沫上濺人衣,高及數丈。"惟不常有,以見為福",土人云。懸崖峭壁劍門雄,捫蘿藉草防顛躓。山形皆作劈斧形,有大劍門、小劍門。石上鐫"烟霞高曠"四字,上有雙忠祠。上有祠宇立豐碑,捐讀齊下英雄淚。泉聲山色共千秋,山靈呵護英魂庇。振衣直作千仞游,全山起伏眼底備。江海匯環極莽蒼,尚湖草蕩紛布置。東有尚湖。雞犬桑麻遠近村,游觀何敢忘撫字。維時春風吹我衣,長空晴日烟花媚。幾年宦海抗紅塵,偶爾清游足游戲。昔年香山守蘇州,犒九日勤一日醉。又如坡老守錢唐,西湖排日輒再至。乃知宦迹在清心,逸豫何曾廢乃事。慨想古人亦有然,澄清在抱徐按轡。歸時燈火艷康衢,層巒隱隱澹欲睡。

題王霞九太守青燈課讀圖

寒燈炯炯明老屋,阿母課兒方夜讀。星光滿地月在天,機聲書聲互往復。謂兒兩世孝子後,植品立名先孝友。讀書豈但為功名,書成何難紆組綬?書聲瀉水喜可知,三更五夜晷無移。果然琢就雙玉珏,難弟飛黃冠當時。天祿吹藜夜校書,金蓮詔徹引嚴徐。玉尺分持楚閩粵,目光如炬羅璠璵。朝陽鳴鳳更不群,爐烟染袖諫草焚。一麾繁劇先領郡,簿書官燭夜輒分。誰知四照花生筆,犀燭亭疑又讀律。文章經濟兩淳良,盡是阿母機邊燈影出。吁嗟乎,畫荻之教表隴岡,芳徽今之延福鄉。霞九,鄉名。不有賢母那賢子,廬陵前後都如此。

紫栢山前謁留侯廟,次明太子少保
趙文肅韻三首　癸未冬過此。地在留壩廳屬,詩刻石侯廟前庭。

三年兩度來蜀道,看山極目入飛鳥。五十三年人將老,勳名事業如何好?

紅塵滾滾猶未了,慚愧功成辟穀早。君不見紫栢山中道氣深,千秋古迹未銷沈。

其　二

路轉峰迴處,雲藏紫栢山。英雄成佛早,花竹與心閑。石瘦宜仙骨,泉清鏡玉顏。神龍時隱見,秀絕俯人寰。

其　三

滅項興劉日,風雲以類從。懷才真將略,勇退是仙蹤。能忍師黃石,成功友赤松。斯人如可作,許我共攜筇?

觀　音　崖

連峰際天石壁峭,鬼斧神工混沌鑿。溪聲澎湃走奔雷,百道飛泉千丈落。巉巖怪狀幻靈奇,驚人虎跳與龍躍。噴雪濺珠撲面腥,疑有潛蛟舞幽壑。芙蓉矗矗樹干霄,雲霧毫空勢參錯。欹斜危磴一線穿,震心駭目難插脚。白石齒齒十里迤,瘴雨蠻烟陰陽薄。西來日踏萬點尖,振衣放眼應跨鶴。

亦佳室詩鈔卷二

謝伯潛茂才將歸省，以風雪棧道圖屬題，率成長句並以贈行

萬點山尖百盤古，飛空六出天花舞。帽影鞭絲行徑微，芙蓉頂上猶行踽。漫言男子志桑蓬，燕北蜀西咫尺通。灞陵詩思尚平地，山巔爪迹又飛鴻。自古已驚行路難，雞聲茅店勸加餐。不嫌料峭侵人骨，品到梅花只耐寒。二年相聚又言別，萬千離緒從頭説。努力有爲在立功，嗟余老大雙鬢雪。此去西江一葉渡，巫峰奇絕又夾路。他年補繪輕舟圖，著色青山與春樹。君由水程歸去。

馬道驛阻雨題壁

萬山堆裏黑雲浮，風聲雨聲羃荒郵。溪河陡漲驚濤吼，南來北去旅人愁。村醪無味難獨酌，深宵危坐數更籌。伴人一盞燈如豆，繞牀起舞又何求。人生行旅知何似，欲行不行不自由。鴻爪雪泥本無定，總輸水上泛輕鷗。如何紅塵尚滾滾，名韁一繫不回頭。透得此關稱小歇，倦飛知還與心謀。家園水竹團茅屋，風波定處天光留。或許浩歌出金石，襟懷瀟灑勝於秋。

題富海颿中丞松陰補讀圖

人生讀書爲有福，窮年兀兀守老屋。一行作吏事遂廢，如何建節猶補讀。熙朝典制羅心胸，五千文字曾挂腹。宰相須用讀書人，英年早結主知獨。管領湖山又幾年，爲民爲國紛塵牘。得閒且就松陰坐，青衫布襪翻敝簏。學優則仕仕則學，先生虛懷本若谷。昔年洋溢聽政聲，今日瞻韓更心服。論文尊酒燭花殘，真儒氣象使人肅。展卷示我松陰圖，鬚眉如昨傳尺幅。居然書聲尚琅琅，和

以松濤聽謖謖。始知經濟學問兼，認取書生真面目。

陳忠愍公輓詞公諱化成，同安人，任江南提督。英夷陷吳淞，公死之。

蛟鼉氣噴半天黑，慘澹軍容生死逼。烈焰飛空如雨繁，大星芒斂暗無色。三年薪膽士卒同，刁斗森嚴誓殺賊。公駐海塘三年，與士卒同甘苦，病嘔猶臥戎帳中，不移煖室。牛鏡塘制府書來，有"心如金石"之言。大海波濤戰鼓聲，煙屍狼藉勢已北。逆首倉皇張黑旗，譁言速退無停刻。如何火彈縱橫飛，將軍百創皆貫革。蟻屯巨艦捲山來，偏裨卒伍同死力。逆酋璞鼎查云與將軍戰一晝夜，將軍炮沈其六船，斃其衆千餘人，急令掛黑旗速退。俄聞岸上哭聲震地，偵知將軍陣亡，揮戈並進。將軍標下力戰，死者甚衆。如此好將軍實不多得等語，嘆息至再。功敗垂成欲問天，天容震動淚沾臆。聖上每詢及公死事狀，輒淚下。裹屍藁葬半月餘，如生而貌咸嘆息。怒目不瞑視如常，滿腔浩氣曷有極。賢令傷心備棺衾，污泥鐵彈親拂拭。署嘉定令練廷璜，求得公屍，已閱十餘日，而色如生，怒目瞋視，身受鉛子百餘粒，有洞胸貫胁者。屍先藏藁蕩中，泥污遍體，練令親拂拭之，并云："炎蒸甚酷，而公死已十餘日，未聞有穢息，蓋忠義之氣所激，神靈亦呵護之耳。"與公同里又舊知，昨歲書來無粉飾。余與公里門相望，又舊知也。去春余僑寓吳中，得其手書云："海上攻戰四十餘年，如賊至必力戰，成敗自有天定，但能爲國宣力，死亦瞑目，敢以此言爲知交告。"鐵石心腸，公早定之矣。嗚呼！忠義之氣薄雲霄，英靈千載瞻降陟。民間傳言：公已爲上海城隍神，雖杳冥不可知，理或然也。吾鄉節烈本山川，公曾親侍忠毅側。公由行伍即隨李忠毅公立功海上。他年銘績與銘忠，豐碑十丈相望勒。

秋日偕友人及兒孫輩游清源山登極頂遠望

葭蒼露白遙天秋，群峰頂上舒吟眸。川原歷歷城郭是，雲烟幾點笑齊州。五十年前初到此，滄桑幾變使人愁。山靈是否能識我？山自凝静雲悠悠。我曾看山到萬里，東岱西華恣窮搜。雙旌引道極登陟，王事鞅掌走馬牛。何如芒鞋與竹杖，六七童冠偕之游。人生行樂各有得，行蹤所值如沙鷗。風雲草木無定相，天然圖畫眼中收。維山久作泉郡鎮，鍾毓韓蔡仰前修。裴仙當年此蛻化，至今古洞遺迹留。我愧塵網負凡骨，曾脱名利韁鎖不？行年七十謝軒冕，過眼烟雲百無求。惟有看山興不淺，濟勝無具懷隱憂。咫尺出城纔十里，一山一石即瀛洲。無心偶得象外趣,有約輒昂天外頭。維時八月有三日,新涼暫試暑氣柔。耳目所得成聲色,游行自在輕公侯。泉香茶冽心脾沁,興已少闌宜歸休。夕陽在樹暮色暝,如鳥投林喚其儔。回頭山色模糊處,晚景與山同夷猶。

敬題曾即庵先生遺稿

勝國干戈日,江湖有散民。都將蓬勃氣,發作苦吟身。志潔凌今古,詩成泣鬼神。殘篇寥落甚,端賴後之人。

和陳江洲司馬贈句,即以留別

將成千里別,暫作一宵留。萍梗多時合,梅花幾度修。吟懷師李杜,知已陋羊求。努力分携處,天涯亦唱酬。

題福鼎施烈女傳

名教關生死,施家有女兒。義知從一是,烈乃以身隨。有恨難填海,無言付斷絲。至今原上草,血染碧離離。

夜深治獄偕任虎卿比部作二首

夜氣涼於水,宵分皁事陳。得情原勿喜,執法敢言仁。那信寬嚴協,休矜判決神。吾家傳式敬,舊德拜先民。

其二

片言誰折獄?淑問凜明神。敢信非欺我,應求不枉人。威尊慚作吏,法盡恐無民。抱此區區意,盈庭氣已春。

和陸虹江比部秋懷韻四首

一夕桐陰減,秋風大地來。客心頻有觸,霜鬢任相催。世事庸多福,詩情捷是才。未應嫌寂寞,涼意滿蒼苔。

其二

積雨苔痕滑,旋紋走壁蝸。風高人戰鵠,日永壑驚蛇。入夢春如海,敲詩句揀沙。無言燈火共,棐几供黃花。

其三

黑雲微雨夜,雜沓助秋聲。地僻軒車寂,窗虛鐵馬鳴。抱書慚一得,默坐證三生。那識逃禪趣,禪心不世情。

其四

退食真無奈,偏爲得意吟。諸天羅眼界,一筆寫秋心。得句花如錦,懷人鶴在陰。願言樽酒夜,重與話苔岑。

送質民姪禮闈試罷南旋二首

一脈廬山共,英華近寂寥。相期同振策,分路許揚鑣。威鳳今遲鶱,阿龍昔自超。分攜無別屬,放眼是雲霄。

其二

京華纔小住,驪曲那堪聽?知子才如斗,維余鬢已星。科名原祖德,文字仗心靈。努力三年後,看人讀佛經。

送陳木齋孝廉南旋二首　時木齋春試報罷。

苔岑同幾載,無計縶雕鞍。得失關心易,文章定價難。交情融劍氣,離緒薄雲端。努力崇明德,相期尚古歡。

其二

別既成千里,談猶共一宵。殷勤將酒進,根觸已魂銷。意氣傾肝膽,功名付鹿蕉。沿途新柳色,心事共條條。

新正五日,與許萊山同年、王曦川農部集李潤堂勛伯寓齋小飲二首

本是金蘭契,忘形孰主賓。何當春五日,不速客三人。坐久爐烟澹,談深酒

味醇。歸途宜緩緩,墙角月鈎新。

其　二

新年無別事,舊雨許重來。妙畫從人讀,清樽對月開。疎狂無客態,談笑亦詩才。醉後清歌發,行春第幾回?

送李潤堂都督之南昌任三首

十載談心久,崇朝分手難。君才真將種,我性尚儒酸。氣誼堅於石,交情澹若蘭。者番留別意,都向畫圖看。

其　二

作鎮東南重,酬勞宿衛優。絲綸瞻露湛,裘帶襲風流。年少推公瑾,仙才是鄴侯。相期崇令德,同證大江頭。

其　三

海内尋知己,於君有宿緣。里閈真咫尺,京洛又經年。脫略形骸外,飛揚意氣先。片帆揮手去,目極早涼天。

題魏笛生比部珠江送別圖

秋風天際迥,海國使星迴。桃李成蹊立,珊瑚入網來。珠光騰鷁首,酒氣溢螺杯。揮手前途去,春生嶺上梅。

題柳漁湖孝廉幽篁獨坐小照

游心多物外,獨坐見真吾。境許雲烟幻,書尋字句無。高懷宜竹石,靜意上眉鬚。却笑紅塵俗,何時我友須。

題晉江杜貞義姑傳二首

生年經七十,不字尚名姑。有石心難化,無言淚已枯。九原猶念母,再世幸存孤。看植綱常大,何慚烈丈夫。

其　二

難得閨中傑，終身志不移。維貞能節義，有女是男兒。鐵石肝腸鑄，辛勤弟姪知。楊林埋熱血，猶染草離離。

早行書所見

晨光纔到樹，樹外幾人家。嫩緑初歸柳，輕陰欲釀花。炊烟無遠近，波影自横斜。一幅生綃畫，天邊又曉霞。

題楊鑒泉明府草堂抱經圖

雲樹蒼茫合，都環一畝居。羅胸曾萬卷，回首憶三餘。鯉對驚心昨，鴻泥一夢虚。歸田應有約，風雨又吾廬。

偕怡悦亭、張蘭渚比部夜宿龍泉庵露坐望月

游蹤容小住，萬籟此沈沈。樹色三更月，泉聲一枕琴。浮雲迷倦眼，落葉隱秋心。坐久涼生席，妙香何處尋？

偕張蘭沚、敬廉階比部晚登香界寺，步月而歸

薄暮探幽去，山光澹欲無？餘霞千樹合，危磴一筇扶。地信旃檀近，僧看骨相癯。寺有老僧，年八十餘。言歸應緩緩，月影與人俱。

使秦出都宿良鄉

出郭風吹煖，輶車第一程。離懷難小住，楊雪椒來柬，有"驪歌忽唱，少住爲佳"之語。王事促遄征。兼驛郵簽迅，皇華使節明。雕鞍聊小憩，鈴閣倚霓旌。

保定西行即景

策馬西行去，天涯正暮春。翻空雲影活，夾道柳花新。小雨剛蘇麥，輕風不

勣塵。當前農事急，滿地太平民。

窰　房

陶穴謀棲息，居然太古風。蜂房重疊聚，蝸舍轉旋通。小坐人容膝，鋪牀地半弓。還將淳樸意，耕鑿頌堯功。

涇州早發

倚枕人無睡，聞雞策馬行。前途多月色，入耳有灘聲。遠樹含烟活，浮嵐染袖輕。西來三十日，大半是兼程。

夏州旅夜聽雨

百日離家久，千山去路遥。勞人方寂寂，小雨又瀟瀟。筆許鑪錘有，胸先芥蒂消。無聊偏得句，心迹兩難描。

過韓淮陰背水陣處二首 有碑

韓侯韜略秘，死地乃求生。壁已旌旗換，機先主客明。深謀同減竈，妙計有空城。千載東流水，猶餘戰鼓聲。

其　二

漢趙曾無土，君侯尚有碑。拔山人已去，背水陣尤奇。鼙鼓驚心地，英雄得意時。至今村父老，處處祀靈旗。

滹沱河

平沙秋色遠，晴日渡滹沱。一葉輕舟穩，千層縠水拖。征衣塵乍洗，人影鏡新磨。更有游心處，前頭起棹歌。

自丹陽至鎮江夜泊江口二首

不計行遲速，隨波小艇橫。野花無蝶舞，細草有蟲鳴。秋意連天涌，詩懷借酒生。江干初艤棹，入耳又鐘聲。

其　二

暮色收霞綺，嵐光漾柳絲。月痕沈水靜，燭影刻花遲。問夜聽宵柝，懷人寄短詩。掠舟征雁過，倚枕有餘思。

題葆逸舟觀察滄浪水清圖卷

一碧清何極，滄浪舊迹尋。有緣來福地，如水鑒臣心。倚檻風光煖，當軒月鏡臨。乃知鈴閣迥，本是近山林。公舍內有尹文端公書"近山林"三字。

題王南陔中丞師空山古寺殘詩舊感圖，次朱文正公原韻

地當閩粵界，野竹一峰青。古寺紗籠壁，長城勢建瓴。人應尊北斗，事已感晨星。回首淵源遠，披圖重佛經。

題徐星谿總戎春波洗硯圖照

裘帶從容外，春波洗硯時。墨花融劍佩，筆力挾蛟螭。君能爲檗窠書。不負公侯相，應傳競病詩。山陰尋舊迹，風雅亦堪師。

題吳江徐烈女詩册

早知從一義，不作未亡人。授命朱絲結，同心宿草新。肝腸應鑄鐵，生死只成仁。浩氣綱常繫，千秋例直臣。

題蔣琴史同年所藏顧耕石學士遺墨

客已騎鯨去，詩從片紙留。雕鏤逼溫李，什襲待羊求。古劍看三尺，飛仙夢十洲。故人葭露感，今昔幾春秋。

懷慶道中

沃壤眞如繡，村烟一縷斜。低田平若拭，老樹影全遮。屋角多編竹，墻頭時

見花。卜居吾有意,好與話桑麻。

棧　行

棧閣連雲起,懸崖足迹經。一痕樵徑碧,萬疊石華青。山勢真危壁,泉聲每建瓴。古松巖畔老,可與乞芝苓。

孟津渡河和旅壁韻

初日團欒上,黃流水接天。沙明青嶂外,人渡白雲邊。隔岸山容古,炊烟霧氣連。忍寒新茗瀹,忘却路綿綿。

雨度五丁關

蠢蠢芙蓉立,雄關劈五丁。神功真不朽,斧鑿尚留形。雨細溪泉活,雲濃石骨青。叢巖誰卧隱,茅舍户常扃。

戊戌立春日,王春綬觀察招同人游杜少陵草堂,以立春草堂聯吟雅集分韻,得聯字三首

策馬城南去,紅旐引路偏。當春知酒熟,分韻有珠聯。徑竹千枝直,鄰鐘一杵圓。草堂多竹,傍爲僧寺。浣花非舊地,風景亦依然。草堂雖非浣花舊址,而竹木亦極幽絶。

其　二
紅塵高萬丈,幽賞又林泉。竹徑蓬門地,微雲欲雨天。香浮梅有韻,庭多紅白梅,時正盛開。波緑水無邊。水通大河。一醉詩成後,何須判聖賢?

其　三
同到詩人宅,前生有宿緣。况當春富貴,難得客神仙。筆落飛來句,談深醉後禪。先生如可作,許唱飲中篇。同游共八人。

夜泊大雪

雨聲前夜急,雪意一天嚴。大地山霏玉,空江水着鹽。窗虛風力猛,夢醒酒

痕添。無計消寒去,蘧蘧滯黑甜。

仙霞嶺題壁

拾級層層上,危亭天際斜。叢篁篩日色,峭壁鍊霜華。拂袖雲猶濕,回頭路欲遮。不妨題句去,七度過仙霞。

途中即景

肩輿游子慣,古道向溪邊。霜葉紅鋪地,山嵐翠接天。夕陽分樹色,寒意逼人烟。回首燕南北,風塵笑簸錢。

黃田晚宿

疊嶂層巒外,荒村一帶斜。前山多野燒,近水半人家。客夢雞聲雜,鄉心酒債賒。危樓閒徙倚,詩思逐餘霞。

水口夜舟

剗为群峰立,溪流一線深。櫓聲搖客夢,人語雜鄉音。水任三篙長,詩從五夜吟。睡魔驅却盡,擁被思愔愔。

使回再過相嶺廿四盤

天際好峰巒,驚心廿四盤。強臺真直上,危磴又斜攢。夾道層雲繞,當空老木團。澄清吾有志,絕頂不勝寒。

寶雞旅館露坐望隔河諸山

暮色蒼然合,濃烟處處生。山容澹欲睡,渭水靜無聲。樹遠沙堤白,軒開新月明。不妨枯坐久,一味旅懷清。

接多時帆廉訪自庫車寄到奉懷詩，依韻却寄

遠戍與歸田，詩來證宿緣。相違三載久，如話百花前。促膝知何日，批鱗憶昔年。賜環應有詔，塞外望雲烟。

亦佳室詩鈔卷三

自題六十偶現宰官圖小照二首 并序

次女端和歸邱氏,道光庚子冬,余將南旋,女於視膳時請曰:"女隨夫婿宦游南北東西,蹤跡無定,不得常侍膝前。吳中善傳神者多,乞作一照賜之,以時瞻戀,用伸慕悃。"其意可嘉,爲寄此幅。

繁華如夢醒,猶現宰官身。養木形宜踐,拈花笑自真。無心寧見我,有熱不因人。兀坐何思慮?驚看六十春。

其二

如畫鬢眉活,霜華兩鬢侵。雲烟多變幻,歲月漸銷沈。進退誰膠柱?成虧自鼓琴。孔顏真樂地,展卷古香深。

立春後小園擬陸放翁幽棲即次其韻二首

紅塵高十丈,地僻足幽棲。梅花常穿石,荷生不染泥。鶯花空外艷,烟雨望中迷。浩蕩春如許,胸懷未覺低。

其二

萬卷書盈架,明窗倚曲牀。篩陰千樹密,吹氣百花香。客自形骸略,人誰應接忙?觀空宜默坐,曉日暈微霜。

散步小園偶成四首

百卉當春發,生機到處尋。吹噓原有意,開落亦無心。石罅穿根健,池邊帶露深。東風長管領,指日自成林。

其二

大造絪縕氣,因時各賦形。桃腮三面赭,柳眼一痕青。嫩綠歸新籜,微香逼小亭。阿誰參妙諦，斂袖倚疎櫺？

其　　三

中和春蕩漾，入眼好風光。竹靜多新粉，梅殘有剩香。游魚時撥刺，宿鳥偶迴翔。偏作懷歸想，東南是故鄉。

其　　四

豈有傷春意，無言繞檻行。草痕初碧綠，花氣半陰晴。世外紅塵滾，山中俗念輕。得閒關福命，棐几一琴橫。

烟霞古洞有引

洞在南高峰側，秉燭入可數丈。內有呂仙像，旁皆刻羅漢。距閘口三里。

石罅極幽探，天然石作庵。烟霞時自秘，仙佛亦同龕。秉燭寒生粟，鋪苔地涌嵐。神工兼鬼斧，秀絕在湖南。

游鼓山宿涌泉寺二首

探幽來勝境，山靜抱雲眠。法界諸天列，鐘聲入夜圓。當頭宜皓月，到耳有靈泉。已覺煩襟滌，何須問偓佺？

其　　二

素有游山癖，登高絕萬緣。況當秋乍爽，恰值月初圓。夜氣無聲畫，清心入定禪。聽殘更漏永，相伴是爐烟。

初夏雨後過東園與園主人坐話，歸成二首

信有山林趣，平泉此地偏。危樓先得月，老樹舊參天。緩步宜花竹，呼朋聚佛仙。三生靈石隱，坐與話因緣。

其　　二

久雨晴應好，山川一望收。綠陰宜結夏，爽氣逼初秋。黛染千層石，青環四照樓。紅塵消滌盡，隨處豁吟眸。

戊辰公車北上，除日，鳳山橋舟中作

策馬西來欲盡頭，鳳山橋下放輕舟。一年風景逢除夕，萬里江聲瀉客愁。瀟灑無心過小雨，浮沈有棹泝狂流。滿懷離緒推篷坐，畫裏烟巒望裏收。

石碑街阻雨

風雨瀟瀟不放晴，石碑街上滯行旌。南來歷盡千盤路，北去猶餘萬里情。溪漲新添春水活，雲容遙隔故山明。強將濁酒消愁去，夢到京華第幾程？

伏暑同人游南普陀寺

屶崱芙蓉接翠巒，天風萬里海濤寬。梵音佛法諸天靜，石枕苔茵六月寒。石洞鐫"六月寒"三字。一覺檞香心證果，三庚茗話舌翻瀾。攀藤且向峰頭立，四面烟嵐刮目看。

哀郭烈婦二首 有序

廈島郭略妻鄭氏，名金娘。歸郭六日，郭以操舟爲業，訛傳郭遇盜死，鄭即日自剄，遇救得甦。越數日，雉經而亡。烈婦殉後十餘日，郭逃歸，誓終身不娶。同人爲請旌兼徵詩云。

白鷺洲邊山水奇，天生烈婦振綱維。無心可化望夫石，有淚空沾絕命詞。百代聲名凝血刃，六朝香粉斷紅絲。乾坤正氣凌今古，鐵鑄肝腸付女兒。

其二

果然烈女侶忠臣，殉節捐軀碧血新。六日剛成比翼鳥，九原敢作未亡人。夜臺月冷天應泣，碧海波遙夢未真。縱緩須臾能不死，當年結願只成仁。

蘭花二首

曾從花譜品群芳，繞砌幽叢獨冠場。幽谷無人能擇地，清肌有骨合當王。

符徵入夢懷燕姞，客解紉秋下楚湘。况復同心論臭味，風流一瓣是心香。

其二

綺石滋培寵倍新，百花叢裏自天真。知交入室堪論友，游子循陔感養親。色有黃中能絕俗，香無媚態不迎人。牡丹富貴蓮君子，紉佩低眉楚水濱。

惠安驛阻風題壁

脚跟無線事逌征，本是桑蓬舊性情。萬里鵬程剛振翮，一天羊角阻行程。村沽任酌何論價，旅館留題不署名。筆硯餘閒聊復爾，記將今夕惠安城。

水口途次

風利船輕到水湄，人家烟火半迷離。千盤鳥道羊腸轉，一線天光雲影奇。磴外苔深南北路，橋邊花吐兩三枝。游人目賞心能記，如讀登山靈運詩。

于少保祠

和守盈庭議總偏，全憑孤掌為回天。丹心恨不鋤王振，大義真能褫也先。勝國君臣冤莫雪，岳家喬梓病相憐。至今祠畔依依柳，每到春來泣杜鵑。

甲戌除夕

爆竹聲聲逼歲除，相沿守歲竟何如？迎神飯賽辛田米，下酒羹肥丙穴魚。坐久欲添更漏永，夜闌默祝信雞徐。誰工餘慶長春祝，任改元亨四字書。

嶺南舟中雜感四首

珠江如練買輕篷，載盡離愁及晚菘。畫舫中流辭舊雨，故人前渡隔清風。馬卿真合題橋去，阮籍何須嘆路窮？寒氣不嫌侵骨甚，本來頭腦太冬烘。

其二

群山萬壑削芙蓉，畫幛天開兩岸濃。酒可澆愁難下咽，書堪愈俗欲盤胸。

江潮有信應知我，春草無心解懊儂。不盡羈懷兼恨別，前頭水複與山重。

其三

篷窗局蹐小蝸廬，半置茶鐺半置書。明月有情還共汝，朔風多厲轉憐余。重裘束縛防寒襲，遠道消磨逼歲除。自是熱中今更甚，那堪病渴笑相如？

其四

纔過峻嶺又危灘，水陸行程總一般。短髮真愁增馬齒，浮名自笑累猪肝。讀書養氣何惶恐？妄佛參禪任喜歡。同舟有念佛者。無數征人齊草草，都輪江上釣魚竿。

治獄自箴，兼呈同事偕任虎卿侍御作

除莠安良令甲新，辭分兩造豈無因？何嘗公冶非疑獄，敢信曾參不殺人。自古明刑能弼教，祇今執法即安民。西曹作吏稱刀筆，三尺科條要認真。

題李鳳岡太守葆光丙舍，次鄭雲麓同年韻

閑雲野鶴共心安，不脫芒鞋現宰官。月自邱潭空色相，灰從劫火悟旃檀。人間也許營生壙，天際猶遲下玉棺。要識禪心多靜妙，牆頭長對好峰巒。太守宅中有觀山亭，正對西山。

車輪偶敝柬同事諸君子

成虧物理悟勞薪，分付工師為斫輪。彈劍一聲來食客，懸車三日屬閑人。盈庭風月窺疏懶，半壁琴書避俗塵。寄語同官能愛我，都容爛漫任天真。

李潤堂勛伯贈建蘭賦謝

漫說苔岑重古歡，雙莖惠我露花漙。插瓶雅稱同心合，入室何曾取友難？四壁幽香薰午夢，一簾清氣足朝餐。本來竟體風流甚，早把新圖仔細看。君善畫蘭。

林石笴孝廉以留別古北口詩見示，奉贈

三年古塞歷風塵，玉骨珊珊七尺身。自古將軍高揖客，祇今俠士出詩人。郄生早入蓮花幕，李子終祠柳汁神。無限心情留指爪，一團真氣鬱輪囷。

苦熱偕郭藹士吏部作

長街日日轉雙輪，誰是逍遙自在身？司馬渴消仍故我，梁鴻熱附不因人。也知心迹當如水，翻笑緇衣已染塵。爲向忙中尋靜妙，空潭印月悟前因。

寒夜二首

全憑窗紙障西風，門外飛塵未許通。月色凌寒三徑碧，茶烟半熟一爐紅。尋常詩酒嗤膠柱，尺寸功名任轉蓬。萬頃澄波澵不濁，古來曾有信天翁。

其二

簾幕低垂第幾重？硯冰龜坼自橫縱。隔墻聽慣三更柝，入夢驚飛一杵鐘。渴睡難消名士氣，觀書許證古人胸。未應局促心情減，曾到蓬萊頂上峰。

曾石友明府以宰黔陽時重建芙蓉樓詩記并唱和全册見示，次韻二首

舊是江山藻繪才，天教匹馬渡江來。懷人風雨偏言別，此地荃蘭易感哀。一片冰心堪入夢，千年雪爪又成灰。誰將往事從頭說？隔世招魂化鶴回。

其二

飛鳧仙吏具深情，結構江干次第成。臺閣三層供畫壁，雲山四面護雕甍。淋漓大筆龍蛇字，唱和新詩鸞鶴笙。風雅主盟真不愧，沅湘十幅比心清。

卧病偶書二首

春日遲遲度綠楊，閉門忍負好風光。偷閑偏得安心法，多病頻抄煮藥方。

筆墨累人裁短札，詩書憐我擁繩牀。虛窗月色宜清夢，宵柝聲聲又隔墻。

其　二

意氣元龍百尺高，云何善病學維摩？課兒賴有琴書好，作吏寧辭案牘勞。猶不如人臣已老，未能免俗首重搔。誰將一服清涼散，化作汪洋萬頃濤？

紙　鳶二首

翦紙裁筠刻畫勞，全憑一線掌中操。得時應許凌霄漢，振翮何須滿羽毛。怪底飛騰無窒礙，居然顧視自清高。癡兒拍手齊翹首，笑指雲間奏八璈。

其　二

大千世界任縱橫，何事高低着意爭？風力由來無定所，天衢偏有不平鳴。宜防急雨飛空際，誰共微雲點太清？萬丈絲綸歸掌握，凌虛骨格本來輕。

午日偕沈松軒、陳木齋、鄭春農、林韞山諸孝廉集陶然亭

六街車馬日飛塵，偏向城南結靜因。四面荻蘆環積翠，一亭烟雨澹芳辰。形骸到處忘詩酒，酬酢多時迷主賓。日暮催歸雲又黑，阿誰子美是前身？

元夕郡館公讌，病未能往，却寄

鼇山瑞靄百重開，客邸迎春隊隊來。雅會醵金皆舊雨，連聲爆竹是新雷。酒分婪尾殷勤洽，詩許藏頭次第猜。自笑相如偏善病，每逢佳節未追陪。

移寓萬明寺

紅塵如海極雲烟，偶托空門結静緣。學本昌黎無佞佛，齋非蘇晉敢逃禪。當階老樹千尋碧，入夜疎鐘一杵圓。聞木樨香誰覺悟？早將黏脱問魚筌。

中　秋　月

秋色平分極净天，雲衢無礙碧輪懸。金波照處當三五，玉斧修來定八千。

桂許飄香逢暈魄，蟾能竊藥自延年。遥知此夜清光滿，一曲霓裳詠衆仙。

無題和友人韻二首

從來銀漢隔紅墻，負却春風幾度忙。不信顛狂嗤杜牧，也應消息報王昌。倚闌十二層層亞，織錦三千縷縷長。未必有情偏薄倖，巫山夢裏本荒唐。

其　二

蝦鬚簾外百花香，底事無言欲斷腸。沈約瘦腰生有恨，劉楨平視禮能防。雙環玉佩江皋解，連斛真珠金谷量。我固鍾情卿更甚，背人燈下繡鴛鴦。

讀李忠毅公褒忠録題後

誓將溟海縛孫恩，戰鼓轟雷白日昏。小醜未除身已瘁，大星雖落氣猶存。心聯十萬軍容憤，淚灑九重天語溫。畢竟尅期能殺賊，靈旗四面護英魂。

水　晶　筆　架

一泓秋水遠山平，削得三峰几上橫。何必珊瑚矜富貴，早從冰雪净聰明。毓根靈秀來漳郡，極意殷勤奉管城。我已慚無五色筆，愛他瑩澈比心清。

玉　蓮　墨　㘭

玉芙一握净無瑕，大几明窗文士家。筆不染塵剛出水，人來入夢定生花。九枝同綰亭亭立，一碧微窺節節斜。最好中邊都了徹，四時伴我學塗鴉。

楊雪椒比部移居琉璃廠，以詩索和，依韻答之二首

盡日輪蹄覓數椽，新移琴劍得安便。卜居不憚勞三徙，近市何妨受一廛。却喜門高能結駟，最宜地僻好参禪。逢人艷説藤陰舊，重振風徽又百年。宅爲漁洋舊居，有紫藤花。

其　二

十笏空齋足嘯歌，剛逢天氣及清和。庭花隨意生機活，鄰樹分陰緑蔭多。

壁上圖書能課子，筆端風雨欲軒波。那堪春帖嗤鴉蚓，大匠門前弄斧過。_{屬書楹聯。}

送李蘭卿同年出守思恩

同譜霓裳十八年，惟君年少更翩翩。早知經濟才如海，豈但文章地涌泉？琴鶴自隨程萬里，雪鴻無定歲三遷。送人作郡尋常事，獨許循良到處傳。

題林石笥孝廉鷗波避暑圖

苕溪風定藕花香，小閣凌波暑亦凉。落筆猶餘湖海氣，著書愛住水雲鄉。鷗盟如舊心同印，鴻爪重尋迹未荒。便合青天明月夜，與君放眼話蒼茫。

張桓侯故里井，和昇寶旭侍郎韻

漢鼎已移侯有村，大書碑碣倚殘垣。蛇矛遺恨英風颯，井水無波古迹存。百世威名人起舞，三分成敗史難論。西征王事匆匆去，猶許馨香拜廟門。

試劍峰淮陰侯廟_{峰如石笥，直上極峻，在平定州東二十里西村。}

何期鳥盡竟弓藏，末路英雄哭未央。一飯尚思酬漂母，三齊詎敢負高皇？登壇漫説驚良將，召禍難辭請假王。試劍峰危風雨峭，靈旗十丈夜悲涼。

郭有道祠_{介休縣北門外。}

禍激東林志可哀，飄然霞舉出群來。人能孝友真修行，養到和平不露才。植黨無心原正大，同舟有客別丰裁。中郎而外誰椽筆？没盡殘碑半草萊。_{祠內碑碣甚多，皆重刻，蔡文舊碣早已無存矣。}

文中子故里碑

河汾重望講筵開，立論都將詭異裁。化雨及人無淺學，春風入座有英才。易名私諡身先隱，中説遺編道許該。惆悵丰徽空斷碣，為停使節拂塵埃。

潼關

雙峰夾水自沈雄，半壁山光劃陝東。飛馬連雲驚列格，單車窄路欲盤空。_{杜詩有"連雲列戰格，飛鳥不能踰，窄狹容單車"句。}危城勢壓河聲壯，戍鼓晴分日色紅。真覺天開奇險地，當頭佳氣鬱蔥蘢。

邠州大石佛寺 二首 有序

寺在邠州西二十里，就石刻大佛三尊。山上有石蓋高十餘丈，外以石為寺，門鑴"明鏡臺"三字。又繚以石墻，石級陡起數十層，榜曰"月地雲階"。沿山石壁皆刻阿羅漢像，寺僧云建自唐世，工巧雄麗。

寶相莊嚴明鏡臺，千尋石壁劈驚雷。金身幻影諸天列，花雨飛空我佛來。喝水有聲聽說法，留雲無墊着輕埃。不知山半阿羅者，誰是降龍伏虎才？

其二

危梯百尺峭懸崖，現出牟尼顆顆排。險是神工兼鬼斧，清留月地與雲階。飛峰勢欲凌天竺，鍊石權疑奪女媧。許向蓮臺參妙諦，曾空色相豁襟懷。

西嶽廟

巍峨廟貌聳雲烟，勢壓三峰列几筵。色相莊嚴瞻寶地，樓臺晶碧屬金天。英靈早發明王夢，神化時參處士玄。畢竟西方山鎮重，為民祈福萬斯年。

曉行山氣迷空

濛濛曉露釀氤氳，初日烘開霧縠紋。到得函關應望紫，吹來巫峽定為雲。如魚在水人蹤過，潑墨成圖樹色分。倘許翦裁成片段，麗於神女九霞裙。

亦佳室詩鈔卷四

敬題謝向亭師讀書秋樹根遺照二首

年少才名大將壇，天教櫜筆侍金鑾。千條紅燭評風月，一片冰心護芷蘭。師精衡鑒。庚午甲戌，分校春秋闈，楚南視學，皆稱得士。道義獨探立脚地，文章雅稱列仙官。傷心著作空宏富，定論何須待蓋棺。師有詩文稿，尚未刻也。

其　二

當年秋樹注蟲魚，無復丰徽想像餘。岵屺已枯雙老眼，經綸空負萬言書。人天撤手修文早，歲月驚心入畫虛。獨有彭宣知己淚，廬山面目對欷歔。師雙親皆在堂。任學士時有萬言書，皆致治之本。

癸巳四月十八日奉命往祀泰山，禮成恭紀

出震生寅五嶽尊，嶽廟聯有"帝出乎震，人生於寅"句。如龍如坐拄乾坤。河山兩戒當胸蕩，星斗中央舉手捫。十雨寸雲功莫尚，金函玉檢古難論。蓬元空洞天應咫，《博物志》以泰山爲三宮空洞之天。許薦馨香一念存。

摩　崖　碑

開元天子負雄奇，渴驥怒猊得意時。人到山尖方落筆，天生石壁便成碑。雲霞供養留真迹，燕許文章或異辭。畢竟千年無剝蝕，神功呵護有如斯。

南天門 并序

石級陟上，如凌霄漢。游人到此，神駭心驚。兩旁繫以鐵索，所謂十八盤也。

天梯百尺躡嵯峨，鐵索橫空掛薜蘿。危石瞰人驚怒虎，奇峰夾道逼旋螺。

凌虛直許干霄上，回首疑非曳履過。纔到半山山已小，不知絕頂更如何？

石經塔并序

石坡一片，廣可十畝，刻隸書《金剛經》全部。上有水如簾，旁有石亭，刻"高山流水"四字。下有試劍石。

一碧飛來百道泉，孤亭四面繞雲烟。梵音佛法真無地，白石青松別有天。仙峽神蹤看試劍，徠峰大筆共如椽。相傳與徂徠山石刻同出一手。千秋疑信都參半，流水高山亦杳然。

乙未十一月初六日入覲，仰荷召對五次，恭紀

閶闔巍峨瑞氣連，微臣述職又瞻天。癸巳三月入覲。親承溫語賡三接，拜受鴻謨靖九邊。溫諭邊疆武備極要。賜食上方珍玉麵，賞克什四次，皆麵顆十二。聞香小袖襲爐烟。每入召對，香盈襟袖。聖人西顧邊陲重，默運神機在任賢。承詢文武大員極詳。

戊戌人日，張曉瞻太守招同多時帆廉訪，周藹餘、王春綬、尹石夫三觀察小集昭覺寺

山林城市要平分，試向齋厨飫苾芬。塵牘溷人無靜福，深山伴我有閑雲。漫天竹影春如畫，上界鐘聲夜許聞。欲向空王參妙諦，爐香縷縷與心薰。

登金山寺絕頂

奇峰突兀撼驚濤，絕頂登臨塔影高。舊迹千年留玉帶，空江萬丈涌金鼇。南朝鎖鑰中流盡，北固雲山下界豪。日夜風聲相激蕩，轉疑天半奏靈璈。

感　懷二首

八公草木已皆兵，敢說邊防是太平。此地曾傳籌筆驛，何人可築受降城？搏沙作佛談何易，緣木求魚勢已成。滿目雲山增惆悵，幾時耕鑿奠蒼生。

其　二

妖氛四境勢縱橫，自守斤斤豈易行？鐵盡六州難鑄錯，棋爭一着已推枰。止戈原許藏神武，伐罪曾聞享令名。粉飾頻年真再誤，他時或有請長纓。

九日寶雞道中

朝朝踏破萬芙蓉，今日登高又一峰。道路奔馳忘歲月，雲烟繚繞拓心胸。紅塵撲面人將老，白雨沾衣節恰逢。四度秦疆南北棧，旁觀翻笑宦情濃。

題富海颿中丞韜光步行圖

宦游踏遍軟紅塵，得到林泉亦夙因。仙佛諸天參使節，湖山福地聚詩人。芒鞵有伴傾肝膽，尊酒隨斟孰主賓？儻許五君今再詠，一潭明月印前身。圖中五人。

梁芷林中丞以疾乞歸，賦呈四首

纔移節鉞倚長城，再拜恩綸采藥行。公由粵西至吳，甫百日而疾作，請告。仕宦由來歸不易，林泉尤要福能清。懸崖立腳驚心早，公於壬辰引疾，歸三年，蒙召再起，今又七年。大海翻身着眼明。惟有攀轅童叟語，如何不出念蒼生？

其　二

心迹原如不繫舟，時行時止付沈浮。帆迴滄海潮音靜，雲斂空山雨意留。繞膝況兼森五桂，等身本自定千秋。文人福慧名臣業，立腳真居最上頭。

其　三

進退何人綽有餘，查初白贈魏敏果公句，昨刻石章，奉呈。不妨軒冕侶樵漁。文章經濟身兼備，富貴神仙夢豈虛？老輩有人遲入社，客邊無日肯抛書。急流能退方知勇，天半朱霞自卷舒。

其　四

作吏三吳夙執鞭，朝天道左話前緣。乙未冬至，以川臬入覲，遇於渭南行館。文場宦迹皆公後，布襪青鞵許我先。海蜃忽噓三里霧，江鱸尚滯五湖船。滿腔憂樂同家國，回首鄉關更惘然。

借寓西湖聖因寺

權向僧寮借一枝，觀空習静水漣漪。直從大海翻身後，來證蒲團入定時。如此湖山何忍負，最難晴雨恰相宜。繁華早醒春婆夢，莫笑思歸行道遲。

涌泉寺東際樓聽雨

峰巒本在水雲鄉，几席無端陟覺凉。一夜雨風多雜沓，四圍烟樹轉蒼茫。溪流飛白添新漲，石骨浮青近上方。獨坐小窗推物理，陰晴變幻亦滄桑。

同人游萬壽寺歸，過極樂寺看牡丹，楊雪椒比部以詩屬和附五律一首。

滿眼晴和盎盎春，幽尋半日屬閑人。濃香入座多新蘂，細草如油襯頓茵。許踏烟霞參佛界，能消富貴拜花神。誰誇紅白歐輕冠？未抵芝蘭氣味親。

其　二

紅塵消十丈，連騎訪僧房。疊石山多皺，分茶水亦香。游人看蟻集，静意與鷗忘。一曲天然籟，松風四面凉。

早　起

徹夜簷溜響，凌晨雨意催。柳烟披絮帽，花蘂落莓苔。

題　畫二首

一鞭紅緑外，平遠妙青山。那識吟春筆，都從畫裏看。

其　二

不信韶光老，嫣紅匝地酣。尋芳應有約，春色滿江南。

旅夜聽雨

風雨迷離夜,篝燈明滅時。滿腔根觸處,心事少人知。

夜坐二首

微雲收宿雨,繞砌野花開。露坐中庭久,新蟾入戶來。

其二

苔痕三徑匝,樹影十分濃。坐學安禪法,飛來一杵鐘。

秋夜對月二首

凉意宵如許,更籌第幾回?虛窗來皓月,顧影自徘徊。

其二

窗外數竿竹,燈前一碗茶。不知清絕處,詩思落誰家?

常州道中二首

輕舟隨岸曲,遠水與雲浮。樹色斜陽外,蟬聲古渡頭。

其二

中流雙棹隱,夾岸幾人家。秋水清如鏡,輕紅點落花。

題程春圃年丈漁樵耕讀小照四首

別有臨淵羨,谿漁相對閑。鬚眉真不俗,如到富春山。

其二

巖畔清歌發,窗前有負薪。當年朱太守,原是讀書人。

其三

農事遍東皋,携鋤花外立。麥風撲鼻香,樹外環簑笠。

其四

貽謀兼燕翼,經訓乃菑畬。瀉水自琅琅,窗前側聽初。

晚泊喜晴

江神助我一帆風,急浪中流溯碧空。却喜新晴山色好,烟嵐四面蘸輕篷。

白沙夜泊

萬里征人不見家,歲除兩岸綻梅花。消愁只合詩兼酒,記取今宵住白沙。

寒　夜

一領狐裘尚怯寒,世間多少客衣單。杜陵廣廈思千萬,始信人生博施難。

渡揚子江

凌晨風日正清酣,雲影波光界蔚藍。天爲征人開畫本,一帆秋色下江南。

題李潤堂勛伯自畫秋柯草堂圖二首

梅花骨格幾生修,習靜心如不繫舟。遮礙全無觀自在,閑雲老樹一天秋。

其　二

魏闕江湖局已分,秋心猶戀故山雲。不妨落筆開生面,如許深情付鶴群。

陳渭川比部寓齋海棠盛開,同楊雪椒比部作

來從海上且傳疑,西府精神半面窺。嫁與雪梅真配偶,如何生世不同時?

芹泉驛書所見二首

嫣紅一抹艷于霞,夾岸千叢有杏花。小屋疎籬齊掩映,臨溪幽絶幾人家。

其　二

白雲深樹有無中,斜日千峰返照濃。行過小橋香撲鼻,野花開落半溪風。

將至寧夏即景二首

罫陌繩阡錦繡場,輕風撲鼻棗花香。綠陰夾道雙輪去,已占初秋一味涼。

其二
榆柳迷離曲曲遮,無多茅屋野人家。牛羊半繫柴扉寂,草色如油點落花。

華州道中二首

昨宵小雨潤秋容,細草新泥曉露濃。倦眼忽開逢太華,白雲深處萬芙蓉。

其二
夾道濃陰柳萬行,平疇風度野花香。鞭絲帽影匆匆去,無數峰巒過眼忙。

曉發太安驛

聞雞起舞夢難安,秋色山山曉露寒。除却邅行無別事,籃輿坐我當蒲團。

金陵舟中作四首

風斜雨細近中秋,雙槳輕移一葉舟。燭影搖紅人不寐,聽殘宵柝過常州。

其二
晚霞當暮喜初晴,蘆荻縈紆秋水生。百丈牽來新溜急,聽風聽水記行程。

其三
石尤風力已連宵,今日晴和上畫橈。隨意行來忘遠近,放開眼界看江潮。

其四
野花夾岸任紛披,蛺蝶雙雙繞竹籬。多少人家深樹裏,水雲澹處立多時。

黃心齋明府宰吾鄉有政聲,因公過舍止宿,留詩壁上。余於心齋未識面也,聞兒子云,口占報謝二首

未曾識面已心傾,遜聽循良澈底清。我亦臨風低首拜,家鄉父老奉神明。

其二

土壁頹垣寒士家，天風吹到使君車。琳瑯一片輝蓬蓽，留待他年護碧紗。

題沈敘軒觀察茗溪歸棹圖二首

大海帆迴自在身，舊時招隱有芳鄰。扁舟一棹清歌發，四面雲山認故人。

其二

家住清溪古渡頭，卅年春夢上歸舟。定知有約看山去，海外青螺一筆收。

君題余《看山圖》，有武彝、羅浮游想。

題龔秋帆將軍告歸圖二首

七載鯨波與鏡平，銀刀隊肅有長城。那知風雅生來甚？裘帶從容對月明。

其二

尊鱸峰泖艷樵漁，大將功成賦遂初。回憶歸裝輕一葉，贈行詩卷又琴書。

西園小坐

空庭老樹集歸鴉，鴉背斜陽樹半遮。坐久小亭新月上，一層月色一層花。

宿平夷堡二首

萬山登陟不辭勞，入夜溪聲震耳號。燭影搖紅人倚枕，風塵歷碌首重搔。

其二

劣剿千峰蟻磨旋，籃輿坐我藉人牽。山腰板屋誰高隱？醉倒雲根抱鶴眠。

自題獨立圖小照二首

脫卻朝衫作散人，吳山小隱話前因。十年一覺春婆夢，大海歸來自在身。

其二

回憶生天六十年，窮通得失幻雲烟。蒼茫獨立無拘束，世界由來是大千。

梁芷林中丞築室南浦，連日趨謁賦呈二首

茫茫大海早抽簪，結構幽居署退菴。公晚年別號。我偶炎天來侍坐，幾疑彌勒許同龕。

其　　二

删盡繁華自掩關，仙人白髮本蒼顏。臨池不獨觀魚樂，無數遙青簇好山。
草堂臨池郭外，諸山皆臨堂下。

大風變雨爲雪三首

風威勢捲萬山行，簷溜玎琮已變聲。夜靜擁爐人不寐，世間或有不平鳴。

其　　二

紛霏雨雪白成堆，幻出瓊樓與玉臺。誰是忍寒來訪友？小橋東畔有新梅。

其　　三

風雪連天捲地寒，臣心九轉已成丹。回春翹首資羣力，無限深情獨倚闌。

意園春花盛開二首

亭臺樓閣繚簾櫳，石罅池邊艷碧紅。引得主人來緩步，花開花落笑春風。

其　　二

簾外棠梨花已飛，沿墻爛漫又薔薇。烏巾白髮亭前坐，雅稱山人薜荔衣。

105

亦佳室文鈔卷一

四川夷務奏稿會將軍銜。

爲縷陳近年夷務實在情形并抒管見,恭折奏祈聖鑒事。

竊照川省猓夷屯聚凉山,袤延千餘里。其東、西、北三面環以馬邊、雷波、越巂、峨邊四廳,南則界連雲、貴。種類既繁,搶掠是其慣技,不必別有起釁根由。而一支蠢動,群支皆附和而來。各廳漢夷交界,皆疊嶂層巒,深林密箐,猓夷出没,攀藤附葛,其行如猿,絶無人徑之所亦處處可通。該廳兵額有常,勢不能節節設守,而地面均極遼闊,又非若滇、黔之中隔大江,有一定要隘可防。該夷所恃短刀小箭、擂木滚石,我軍槍炮轟擊,不難制勝。而該夷聞槍炮之聲,輒散遁老林,杳無蹤迹。我軍進逼,道路已極艱難,其老林又綿亘數十里或一二百里,即無雨雪之時,亦重霧迷漫,樹木陰濕,搜捕既不能遍及,火攻亦難以延燒。兼以糧餉轉運維艱,官軍勢難久駐。故歷年剿之屢矣,而總不得力者,莫苦於兵入匪遁,無迹可尋。其間縱有斬擒,究不能痛加剿洗,僅止發其窖藏,焚其寨栅,就案完結。而該匪等受創未深,冥頑如故,兵撤復來,視爲慣常。昔者猓夷出擾,尚不敢遠離巢穴,只就附近搶掠民人物産,爲數無多,故以勒獻難民兇夷完案。數年來,則千百成群,直撲鄉村市鎮,恣意焚擄。前此猓夷搶掠尚不敢殺人,今則肆行屠戮,且有支解民體、輪奸婦女者,約計被擄男女以數千計,而流離遷徙、疾病死亡者又不知凡幾。邊民來省紛紛呈訴,其傷慘情狀,實爲耳不忍聞。在文武官,非不知徵師調餉,在在爲難,故凡平時駕馭以及滋事之初,無不竭意撫綏。無如匪性貪殘,不知懷德,反更啓其玩視狡逞之心,此頻年所以不能不用兵之故。乃兵既用矣,而又限於地利,加以糧餉不充,時日又促,總不克收全勝之功。本年夷匪復擾馬邊等處,臣等雖諄飭地方文武委員嚴密防禦,而該匪倐去倏來，時復窺伺。現在調兵雖不及千，招勇已不下五千名，月需鹽菜銀一萬餘兩。前督臣鄂山奏明，飭令籌款墊辦，已將報部餘茶一款，暫行挪用，數月來業已無存，此後更難爲繼，兵勇又無時日可撤，臣等夙夜焦思，寢食皆廢。若再稍事因循，必致夷惡日熾，民禍日深，是非厚集兵力，多籌糧餉，寬以時日，大彰天討，實不足以永靖邊陲。

伏查夷匪支類雖多，實則通同一氣，故一廳出擾，各廳夷眾皆群集附和。必須調漢屯土兵二萬名，分爲四隊，以一隊屯紮峨邊防堵，以三隊由馬邊、雷波、越巂等廳，尅期並進，一面預咨雲、貴兩省派兵協防，絕其奔竄。夷匪聞官兵進剿，必遁老林。我軍步步爲營，四面屯逼，以重兵困之，以游兵擾之。匪匪深林，勢無十日半月之糧。迨其食盡潰逸，又預伏槍炮，痛予轟擊，可期大加剿洗。我軍漸次深入，焚其寨落，毀其積貯，而三四月不令耕種，八九月不使刈穫，絕其養命之源，即有竄匿餘匪，久亦多成餓殍。如有窮蹙乞命者，亦可貸其一死，誅其兇酋，宥其脅從，設土弁以領之，而邊患可以永息。臣等雖未親歷其境，而詳詢上年深入夷巢之提督臣張必禄、臬司多歡、成都府謝興嶢及文武大小員弁，並體察輿情，僉謂非加困剿，斷不能使邊民得安生業。惟調兵二萬，約需糧餉三百萬兩。臣等至愚，極知國家經費有常，不值以如許帑金耗散於蠻荒之地。但邇年來夷務軍興，自請帑以及官民捐輸，並按糧津貼所費幾及二百萬，而夷患益甚。與其分次虛糜，何如大張撻伐，以爲一勞永逸之計。現在邊疆民命積年被害已深，臣等受恩優渥，責任匪輕，何敢不據實直陳。惟事關邊防國帑，均極重大，臣等識見淺陋，諸恐窒礙，請勅諭廷臣及戶部通盤計議，請旨定奪，理合恭摺會奏，伏乞皇上聖鑒訓示，臣等無任悚惶待命之至。

謹奏硃批："雖非無故舉動，總覺不值。否則，邊民受害又難坐視不顧，總緣歷年辦理不善，以致日久益費周章。另有旨。"

道光十八年十一月十四日内閣奉上諭："凱音布等奏夷務實在情形，請厚集兵力，多籌糧餉，以張撻伐一摺。四川夷匪，連年出擾，屢經降旨飭令該將軍總督等，或剿或撫，認真妥辦。該將軍等自當激發天良，籌畫盡善，爲一勞永逸之計。

乃因循數年，徒事補苴，糜餉老師，邊陲未靖，若鄂山尚在，必當重治其罪。凱音布在彼數年，始則隨同鄂山將就了事，兹復會同蘇廷玉冒昧陳請遽籌大舉。此等小醜跳梁，重煩兵力，多糜糧餉，殊屬不值。且內地夷匪滋事，從來無此辦法，總緣積年經理不妥，日久屢費周章。多歡親歷戎行，所有會剿及善後事宜，均屬責無旁貸。張必祿由該處總兵擢任提督，剿堵是其專責。於該夷匪滋擾邊境，剿辦既未淨盡，防堵又未得宜，該將軍等種種紕繆，實屬有辜任使。凱音布、多歡、張必祿均着交部嚴加議處，多歡着拔去花翎。蘇廷玉接印任事以來，於防剿夷務情形，未能籌畫妥善，復與凱音布連銜瀆請，殊屬無能，着降補四川按察使，以示懲儆。欽此。"

單銜夾片：再，臣愚以爲用兵之道，籌餉爲先。現在兵勇防堵，經費既已無出。設或夷匪復肆鴟張，又將何以禦之？川省田賦之輕，甲於天下，每畝地丁不過二分，或少十餘倍，或數十倍。每年僅額征銀六十六萬兩有零，連鹽課關稅等款，歲入祇一百四十餘萬兩，不敷支放兵餉廉俸，尚仰給於他省十餘萬兩，此外別無款項可籌。雖從前剿辦達州教匪以及近年峨邊夷務，均係藉資民力，按糧津貼，以充餉需，然地丁一兩津貼二兩，以額賦計之，除去零星小户，所入不過八九十萬兩，亦不足以供大剿之用。如蒙聖主允準剿辦，可否勅諭户部先行籌款，借撥銀三百萬兩，解川供餉。再容臣仿照河南省河工加價之案，每地丁一兩加征夷務經費銀五錢，計每年可徵銀三十餘萬兩，按十年攤征還款。在通省紳民，共知夷匪荼毒生靈，患無底止，無不志切同仇。且川賦本輕，更亦樂於輸納。似此一轉移間，庶要需得以濟用，而國帑亦不至久懸。理合附片具奏，並祈勅諭廷臣及户部一並核議，請旨訓示遵行，謹奏。

旁奉硃批："內地人心搖動，其患可勝言乎？即無意外之虞，而民間元氣已傷。何見不及此，仍請交議耶？"

江蘇糧臺奏稿

爲恭摺叩謝天恩，仰祈聖鑒事。

竊臣在籍，接准福建巡撫臣劉鴻翺咨會，准到部咨，道光二十二年六月二十七日,奉旨:"蘇廷玉着仍以四品京堂起用,會同孫善寶辦理江蘇糧臺事務。欽此。"欽遵知照到臣,隨即恭設香案,望闕叩頭。伏念臣一介庸愚,早蒙皇上不次擢用,衹以"籌畫未能萬全"致滋咎戾,猶蒙聖主優容,僅予休致,已屬感激萬分。茲復仰荷恩綸,棄瑕録用。感鴻施之逾格,益惶悚以難名。臣聞江南軍務絡繹,糧臺尤關緊要,隨即束裝趨赴蘇省,會同經理,惟有殫精竭慮,倍矢慎勤,以冀仰答高深於萬一。所有微臣感激下忱,謹先繕摺,借用福建巡撫關防,專丁恭齎,叩謝天恩,伏乞皇上聖鑒訓示。謹奏。

奉硃批:"覽。"

示次兒士準書

竊以嘆夷所恃者,惟船堅炮烈,我兵所以輒潰者,亦因於此。即如七月之厦門、八月之定海,將士何嘗不用命,人人殊死戰而亦不支者,推言其故,蓋亦有因。我軍之大炮何嘗不烈,若中其船,亦無不粉碎,該夷亦畏之。而浙洋之銅瓦門炮臺,該夷即先募人乘夜將大炮火門用鐵釘釘滿,又去大炮兩耳,俾不能施放,其明證也。自從住吴半年餘,所聞防堵之法,無過鑄大炮、築土城、築石壁,以爲兵民護身禦夷之法,費國帑民財數百萬,沿海合計即千萬以外,絕不聞議及堅備戰船、挑練兵士二層,心甚訝之。及與當事委員等言及,意亦不盡爲然。

夫我軍無戰船,夷盡知之,故得手即進攻,失利即遠颺。而我軍徵召之繁,守防之苦,口糧之費,皆暗耗元氣,何可長恃也。以今之海防論之,以海言防,即戰場在海矣,交鋒之地在水上,戰船烏可緩哉!海濤之高下數十丈,即平風静浪時,海平如鏡,而潮汐鼓蕩,其勢亦動,夷炮豈能操必中之技?特以沿海之厦門、舟山民居既密,勢如列屏,夷炮更不必瞭對準頭,但施放無不洞墻倒壁,殺人毀屋,連發連中,其理勢所必然,而人心震矣。夷船以三十餘隻散佈海面,如水上浮萍一點,官炮豈能命中?偶一中之,夷船亦無不糜爛。而兵民之心,遂皆以夷炮準、而官炮不準爲言。今粤、閩、江、浙、東、直各省,費已千萬,即以厦門、舟山二處論之,若每處趕緊修造戰艦二十隻,每隻容兵百名,火炮、火礶、火箭、釣桿齊備。若夷船來厦,即迎於大擔口,四圍用木架掛漁網綿絮,泡以海水,炮子雖大,不能穿過,以柔制剛,以水尅火,戰船之法,著爲成例,夷船與兵船,勢各分散,我炮與彼炮皆不能操必中之技,船在海上進退必隨潮隨風,我船與夷船行即皆行,止即皆止,不比旱地之全仗脚力可以趕上也。得手即夾攻追攻皆可,不得手即暫避沿海之鄉村,我兵船可以隨處隨時停泊,夷船不能也。即如厦門大擔嶼外交鋒,縱使不利,暫避於金門各處或外嶼,彼必不敢直進厦門港攻打街市,防我兵船之封大擔嶼,截其歸路。定海、舟山亦如之。至船上兵士避炮之法,既有漁網綿絮,又在水上散佈,該夷亦不能命中,比岸上列堵以待,所至必洞穿,其勢懸殊,何啻天淵,此至明易曉者。今每大口有二十堅船,容兵二千,足以一戰。他處有警,可以互援。至戰船堅矣、炮利矣,必選將選兵而後可。將必諳水性者,兵即沿海之居民,能鳧水、能使舵、能扯帆,募而教之,即海外干城。無夷患時,使之巡海,而洋盜亦少矣。

　　昔余年未弱冠,在玉屏書院讀書,適李忠毅公以浙提兼署厦提,駐厦月餘修船。每下午時,忠毅公輒至書院集諸生縱談,或至秉燭乃歸。余嘗起而請曰:"聞公出洋只二十隻兵船,破粵艇三百餘隻。艇船大而兵船小,艇船高而兵船低,艇船多而兵船少,何以縱橫於數百賊船隊裏,而賊畏公如虎?至蔡牽賊船更多於艇船,前此四鎮以數百兵船圍之,皆敗。而公至賊即遁,賊有不畏千萬兵只畏公名之謠,請詳言之,爲鄉里後生廣聞見。"衆皆傾耳以聽。公笑曰:"此不煩言而解也。身爲臣子,備職戎行,固畏死不得。即使畏死,千軍萬馬中一炮飛中,無不死矣。且安坐衙署,不出户庭,亦有死日。死於疆場爲正命,看破此關便自坦然,臨戰不手忙脚亂。將如是,兵亦隨之。將者,兵之膽也。初交鋒一二次,心亦震動。及久,即習慣自然,不但我心不動,即兵士之心亦不動。此練膽之法,必在臨陣多,如醫家見症多即主見定,開方亦不雜矣。至以少勝多,理勢具在。水戰與陸戰異。賊船多,每停泊及開行,勢如列堵,我以二十船,乘風乘潮衝突其中,只管裝藥放炮,無不中者,又必穿其中央。賊炮欲傷我兵船,或轉傷其賊船。兵船少即賊炮不能命中,偶一中之,不過傷一船而已。至賊船雖多,但發數炮打破其二三船，無不亂竄。而我乃提船上風，或放火或用炮，如驅群羊矣。"

又在川時，楊忠武公予告在籍。余時任川藩，公事甚簡，每到南門外小天竺公新築侯第，請示戰陣之法。公云："不怕賊多少，我軍只有三百人立脚不動，必是勝仗。"公平定教匪及苗疆，彼時隨額經略，深得其法。其以少擊衆者，賊皆數萬，蔽山而來，我兵不過二三千或一二千，伏而不動。賊槍炮矢石如雨，我兵間有受傷，亦不動以俟之。迨槍炮逼近，我兵一呼而起，發無不中。賊前隊被殺數十人或百人，即反走，而後隊大亂，自相踐踏。以賊多易中而少難中，故少可擊衆。道光初年四月，外大渾河一戰，回賊約數十萬，我兵只萬三四千人，斷糧三日。我兵分三隊，長公相居中，武參贊居右，公居左，自辰至巳，炮子如雨。公問兵士："能從我過河否?"皆應曰："諾。"及至河心，回視不過二百餘騎。公令曰"無擅放槍"，及至河岸，乃喝全行放槍。而回賊排列無縫，即斃其二百餘人。再發一槍，又斃二百餘人。賊反奔如流水，殺死傷不及自相踐踏之多。於是大軍並進，而白米飯、熟羊肉列鍋千萬，皆大啖畢再追，而四城復矣。此皆得額經略之教也，並纜示以廣見聞。

時務說

夷務自議和後退出大江，分設五處通商，目前之局雖定，而善後之圖萬不可緩。夷船雖沿海踩躙，而我國家依然一統，民物依然富庶，不急務自強之計，則操縱在彼，受制在我。彼或背盟，他或效尤，皆意中事。而內地奸民目睹該夷滋事，狡焉思逞，在所不免，亦宜作思患預防之計，以鞏國家萬年基業也。

預防之法有二：一曰練兵。練閩、粵之水師易，練江浙之水師難。閩、粵沿海民人多習波濤風汛，其俗與性剛而悍，視夷人之船堅炮猛，早已心輕之。因其性其習而肅以紀律，即因勢利導也。江浙之沿海民人亦能習水性，其俗與性皆近柔，一聞夷炮，早已震驚，故較閩、粵爲難。然不可以其難而不練也。明戚繼光平倭寇時，始於浙之溫州，所部皆浙兵也，以數千人往來閩、浙，掃除倭寇十餘萬衆，是其訓練之明驗也。惟練兵必須經費，國家經費有常，軍制亦不敢輕議更張。惟就陸路水師各營計之，每營一千名，內字識、匠役，以及驛站、汛防、雜色人等，十已占其五。而此五百人中，口糧又不足養家，因而兼習農工商賈，故每一徵調，而千兵之營只能調出二三百兵，該營已露空虛。即赴調之二三百兵，亦只備額，技藝生疎，兵與將亦不相習，竟難得實效。竊以經費既不可添，莫若以千名之兵額減爲六百名，以四百名之糧，作爲津貼實兵口糧及訓練賞需之用，則糧仍千名，兵只六百，而此六百名中，字識及雜色人等亦占去百人，核實精兵可得五百人。較之有千名之兵無一兵之用者，虛實自見。又水師兵士，只在諳習水性，駕駛船隻，施放槍炮，不必督以弓馬。水上無用馬地，則馬乾可減。以百馬計之，只留二十馬備用，餘八十馬之馬乾即以充訓練經費，而經費不必另籌。至經費之如何用法，即由各營議定立案，統於副參游守，提鎮會其要，督撫總其成，乃能收實效。至練兵之法，首嚴賞罰。平時訓練即教以有勇知方，技藝精則心膽壯，遇敵不怯，以敵不能近身也。現在軍營所最要者，莫如大小炮位。而大炮能遠不能近，兵伏地以避，匍匐而行，則炮不能傷及。近而鳥槍最利，精其技即足以制敵。至短兵接戰，則短刀拳棒又在鳥槍之先，此有勇之教也。迨臨陣若有畏葸而逃，即行軍法，俾兵士咸知死戰死守或可不死，即死亦有身後之名、子孫之恤；若逃，則萬無生理，未有不奮勇爭先者。由近而遠推之，皆勁旅干城矣。至臨陣初未有不怯者，及見陣一二次則膽氣壯，且知死於敵、死於法之鴻毛泰山，此知方之教也。

一曰造船。水師之戰與防皆在水，即沿海府縣城池亦必有港汊可通。若寇至，必戰與防皆在海口。非船，未免臨涯而返，望洋而嘆耳。況海上之潮汐無定，即寇船同日並發，亦不能同日並至。前此㗨夷之陷我厦門、定海、鎮海、寧波、寶山、鎮江也，始皆先至二三船，後最速亦須十餘日、二十餘日，乃大夥並集，并力內駛。我守岸之軍日日探報，今日到幾船，明日到幾船，曠日持久，軍心已懈，懈即生怖，其勢然也。若戰船堅實，可以衝風濤、施槍炮，當其始至一二船、三五船停泊海島時，四面蹙之，縱不能全殲其類，彼亦分散。散不能聚，即不能入港逼我城池。得手則追之，不得手則避之，軍船可以隨地寄椗，而夷船笨重不能也。造船之法，各隨其地之所宜、人之所習，只以堅實爲主，大小約坐百兵爲斷，不必過於大。如夷船之大固難於營造，而大船非風不行，轉覺運掉不靈。即夷船之帆索極多，彼亦極羨中國船之一帆一索爲奇便，各從其宜可也。

仰窺聖人天縱英武，在藩邸時即已薄海咸欽，近以軫念生靈，萬不得已，勉允該夷所請，睿算廟謨，自有超出萬萬者。惟薄海同仇，凡含生負性之倫，無不早作夜思以希震疊，苟有所見，何甘緘默。謹獻芻蕘，伏祈裁擇。

治虎説

黔地多山，林木蒼莽，犖确敧危，虎乃據爲穴，以生以育，其類遂繁。民皆沿山構屋，虎患遂張。浸至城郭市鎮，虎亦日夜出傷人。趙雲松先生守鎮遠時，詩中有虎巡街之事，以爲紀實。後之官斯土者患之，遂與民約，高垣墻固砦栅以防之。而川原之高下，里道之繁紆，非能如秦築長城之可以備胡也，而虎患如故。於是選武士、率强壯，執兵操矢，以伺於隘，如虎出即殺之。日夜株守而虎不至，或偶一至焉，衆出譁而逐之，虎搖尾而去，逍遥自在也。而守者曠日持久，衆心怠矣。一日，虎大集其醜類，奮其爪牙，將與黔民角勝負，嘯即風生，吼若雷震，千百其群，草木動色。黔民早已心驚膽戰，棄甲曳兵，如鳥獸散。虎乃縱横於城郭市鎮，大肆傷殘，而民患益深矣。

乃有丞佐出而言曰："虎非能利我土地也，不過貪如狼，狠如羊耳。猛獸得人即止，古有成言。莫如啖以所欲，飽即颺去之，爲可救目前也。"乃盛羊、豕以陳於境外，虎日來啖之，遂亦不至城郭市鎮以傷民。其始何嘗不可少安，其繼乃至於日不能給。而他山之虎與狼聞之，亦紛至沓來，索食無已。於是虎患更甚，而狼之患亦甚，求如前之僅有虎患，不可得也。

今有人言於衆曰："以羊、豕啖虎、狼，羊、豕之供有盡，而虎、狼之欲無厭。且人爲萬物之靈，而困於虎非夫也。"於是礪乃戈矛，積其薪芻，率其子弟，教之坐作進退，勉之衆志成城，烈山澤而焚之。崐岡之火既炎，而玉石俱焚矣，間有一二逃出者,亦追而殺之,虎種遂絕。而民乃熙皞於堯天舜日中,含哺鼓腹而不知。

或曰:"由前之説,竭脂膏而救目前;由後之説,大懲創而消後患。理易曉而事乃不行,何耶?"曰:"'畏難苟安'四字,誤盡天下英雄。因循即易墮,振作則有爲。天下古今難事大事,顧擔當之人如何耳,夫治虎猶其小者也。"

無病而呻,又作狡獪,亦可發一大噱也。自記

重刊蘇紫溪先生生生篇序

《生生篇》三卷,蘇紫溪先生所撰也。前明蔡光禄體國曾刻於江右,而吾閩苦無傳本。適凌學博文藻來謁,出影鈔本示予曰:"子與紫溪先生同祖,且爲鄉先正文獻,盍重刊之以嘉惠後學?"余敬受而讀之。

竊惟《大易》之道,生生之道也。故《繫辭》曰"生生之謂易"。夫天地之大德曰生,乾曰大生,坤曰廣生。乾、坤生六子,乾、坤六子生六十四卦,六十四卦生四千九十六卦,此生生之所以不已。朱子作《仁説》,論天地之心,其德有四,而元無不統,則曰乾元、坤元。謂天地以生物爲心,而所生之物,又各得天地生物之心以爲心,蓋體"易通生生"之旨以立言也。昔虞仲翔注《易》,又以坤元歸乎乾元,謂六十四卦皆本於《既濟》,《既濟》即乾元也,乾元即太極也。乾元資始,坤元資生,其實坤無元也,坤之生皆乾元所生也,實皆太極所生也。仲翔注《易》本孟氏,原出田何、丁將軍之傳,固已有先朱子而言者。然而"易有太極,是生兩儀",《易·繫》本明言之,非仲翔諸家之創論也。至濂溪周子作《太極圖説》,乃曰"無極而太極",謂其自無而之有也。自無而之有,即莊子"昭昭生於冥冥"之説也。自無而之有,有一即有二,則爲太極生兩儀矣。一生二,二生三,三生無窮,則又自有而之無矣,而固未嘗淪於無也。始而無始,終而無終,故《大學》曰"物有本末,事有終始",《中庸》曰"誠者物之終始"。不曰始終而曰終始,貞下起元之道也,即生生不已之道也。生生本於冥冥,而生生可見,冥冥則不可見也;生生可知,冥冥則不可知也。不可見、不可知,是虛無寂滅之教

也。莊、列異端之語，不可以訓學者也，故紫溪先生易《冥冥篇》曰《生生篇》，蓋舉其所可見可知者以示人焉爾。謹付剞劂，用識數語，以弁篇首。

孫惕齋明經遺書序

惠安孫惕齋明經，故中丞王南陔師所取士也。余少時曾以文字受知於南陔師，師每進而教之，嘗謂"將來經濟事業，生必勉爲一代偉人；若名山著述，必歸孫生"。已而忽忽數十年，余宦轍奔馳，惕齋家居教授。道光辛卯，余守蘇州，將兵備陝右延綏。適少宗伯陳石士先生督閩學，以惕齋優行，貢成均，携之入都，告余曰："吾歸裝得一孫惕齋，當敵笥河三百石矣。"惕齋造余公寓罄談，余因獲觀惕齋所著書，有數十百卷，多羽翼經傳，成一家言。亟爲郵書於南陔師，曰："名山著述，其在斯乎？"

余惟吾鄉爲考亭過化之地，傳至有明，而《蒙》、《存》、《淺》、《達》，理學之書，衣被天下，天下學者奉之如布帛菽粟，不可須臾離。蓋聖學正傳，綿綿延延，不絕如縷。入本朝來，安溪李文貞公以經學倡明天下。其時陳介石官石谿，諸先生亦相繼治經，爲海內冠蓋。考亭之學，代有傳人，惟吾鄉足以當之。惕齋生於七百餘年之後，由文貞而私淑虛齋，由虛齋而上窺考亭，躬行實踐，心領神悟，博通衆說，折衷一是，不以先入爲主，不以後息爲勝。其中大者，如《虞周朝數會同考》等篇，皆能發千古未發之覆，傳千古不傳之緒。嘗擬撰《通經略》一書，欲以經術發爲經濟，以成莫大事業，而年甫及艾，書未就緒，遽齎志以没於京師，其可悲也已。

余升沈宦海，齊、魯、秦、蜀游歷幾遍，至壬寅還里。惕齋之婿陳念庭學博爲余言，其師遺書未能付諸梨棗，將湮没不傳於世。余亟分清俸，囑其校刊，以公同好。嗚乎！藏之名山，傳之其人，南陔師訓既於惕齋有明徵矣；而余於經濟事業，欲一一見諸施行者，卒未知待償於何日。是則余區區之志所難自證而自慰也夫。

周石藩大令省心錄序

石藩與余爲道義交，自其謁選都門時始，後則宦轍分馳，每難一晤。乙未冬，余以蜀臬述職赴都，道出衛輝，石藩自卸輝縣事，遄來相聚，傾心達旦。此後握手又不知在何時何地矣。石藩以名進士出宰，所至必有善政循聲。本學問爲經濟，其來有自，與余手札往來，皆講學論治、立品修身之要知。我兩人之相契相期者，別有在也。石藩天性純篤，尤敦孝友，故發於政事，比古循吏有過之。所至民樂，所去民思，非偶然幸致也。余與石藩交，重其人非但重其文，而其文之從至性至情流出，足翼聖教，有功世道，更足以傳。因讀大集，書此郵寄，如促膝傾談一番耳。

余與石藩交，極喜其言行皆是一"真"字。真者，誠之謂也。至誠便無不感不動，其發於文、施於政，皆誠字所流露。余知石藩極深，故於敘其文集剩紙又書之。

官石谿先生讀周官序

安溪官石谿先生，舉鴻博後以甲科入詞林，督學三省，弊絕風清，得人極盛。歸田三十年，著述宏富，而於三《禮》尤精。廷玉與先生爲同館後輩，嘉慶戊辰又偕文孫壽相同舉於鄉。憶少時趨庭，先大夫亦時言在都與先生次公敏亭君友善。是廷玉以後輩而兼年世誼，嚮往久之。《讀周官》一部，精深考核，發前人未發之秘，別具苦心，因備貲，屬同年詳校付刻，以惠後學。敘其緣起，弁諸簡端，而廷玉得附名以傳，更爲厚幸。至未刻各種，尚望有同心者。

生芝草堂詩存序

南吉先生，余中表叔也，少負奇才，深機沈識。憶余十一歲從先大夫歸自皖署，伯兄學象爲言先生之詩，深造有得，不肯寄人籬下，如其爲人。兄少從祖姑夫定興大尹問業，偕先生應童子試。先生少兄四齡，方平視倫輩，及睹先生詩若文，不覺首之頫也。乾隆戊申與先生同赴鄉闈，爲題所鞭，不克中其肯綮。場後讀先生作，披郤導窾，游刃有餘，適如胸中所欲言而不能發者。榜出，先生果高雋，益信詩文有定價，不可誣也，廷玉謹識之。

嘉慶癸亥，余與默存表弟以歲科試掇郡邑芹，同出恩雨堂侍郎之門。越戊辰，同舉於鄉，數往來質正，得盡見先生《易》說、古文詞、時藝所著，而後知伯兄之言爲不謬，而惜余從先生之不蚤也。辛未閏夏，先生卒於家，年甫五十，適余與表弟同試禮部，弗獲助輯遺集，深爲恨事。道光乙未，余由蜀藩入覲，來往保陽，默存大令手是編謂余曰："先君子遺詩，收拾散亡，僅得此。兄與先君子游最久、知最深，內外家輩同咸籍而序之。"余受而卒業。蓋所存者，多己酉公車以後稿也。

嗟乎！表叔之詩於古人堂奧無所不窺，而騰踔變幻，不能以一家名之。爐鞴停胸，風雲入冶，杼柚在手，花水成文，淵乎浩乎，莫得而窺其涯涘焉。向使聯步南宮，翺翔玉署，天假之年，其所成就，上視漁洋、荔裳諸前輩，吾不知其孰爲軒輊矣。猶記乾隆庚戌，先生與其同年、今福寧教授林景羲爲中秋泛月之游，疊同里許瑤洲吉士"溪西雞齊啼"韻七律至百篇。又銀城、輪山、華圃、鷺門各有八景七律，多卓然可傳之作，核稿中祇有銀城十詠，豈奇作爲造物秘靳，果勅陽侯狠攫耶，而即此所謂泰山毫芒者，不愈可寶貴耶？噫！今去先生歿且三十年，始獲其遺詩於宦游而序之。回思弱冠，携酒問字於瀏江精舍，聽海潮聲滾滾上古通去，先生引滿者再，顧余，誦其對語"蓮花莫放牛羊牧，天馬須如雞犬求"，其聲淵淵振金石，恍如夢寐。而把誦是編，又如親聆聲欬，因嘆老成之不可復作。而余又總制西川，授鉞籌邊，焦頭爛額，荒落無成，猶得掛名字於長者集中，是可慨也，亦可幸也。故覼縷生平而備論其詩如此。

亦佳室文鈔卷二

絳雪山房詩鈔序

楊光禄雪椒，以名進士觀政西曹，與余同司，始識面。其人爽朗明快，目炯聲宏，知爲偉人。公餘談論，始知其能詩。時同司陸虹江廉使爲浙西詩人，屢爲余言："雪椒詩無體不備，而七律悲壯淋漓，直逼老杜，詩壇畏友也。"後官各省，所遇張詩舲中丞、姚石甫廉訪、張亨甫孝廉皆以詩豪於時，莫不極口稱雪椒詩。余心儀久之，而素不能詩，茫然莫辨。偶有酬唱，亦信手往還，究不能知其詩境之所至。今讀諸鉅公各序，皆推爲老斫輪，則雪椒之詩真能自樹一幟，何待余言哉！惟以三十年知交，又共坐一榻十年，後雖宦轍分馳幾二十年，而先後歸田，重得里門聚首，是余與雪椒風誼之篤，交緣之深，此中殆有天焉，而非人力之所能强也。因其刻詩集成，不可無言，書此以弁於簡端。

德化郭氏族譜序

吾閩多族處，盛者數千户。昇平日久，生齒益繁，世族大家，支分派別，家乘譜牒，闕焉不詳。郭藹士銓部假歸有日，以所修族譜屬序，條分縷晰，因其舊而加詳。余謂木本水源，前古後今，賴讀書之君子紀載以維持之，藹士真有心人哉！異日掌銓衡以進退天下士，亦如是之有條不紊，庶幾修於家，獻於廷，條理經緯，無二理也。因弁數語，即以贈其行。

校刻先許公文集序

先許公文集，廷玉從《全唐詩》、《文》內錄出，彙爲一集，以弁諸先魏公集之首。昔宋陳直齋藏書甲天下，而《書錄解題》稱未有蘇許公集，則公詩文世少傳本,蓋自宋已然矣。許公與張燕公以文章冠有唐一代,世稱"燕許大手筆"。而國朝蔡文勤、朱文端撰述《歷代名臣傳》,則舉許公而不及燕公,蓋以燕公父子不能以功名始終,而許公世爲賢相,道德經濟,粹然無疵,實堪法天下而傳後世也。自許公而上三世,爲隋僕射諱威公,威公之父爲北魏尚書諱綽公,綽公之九世祖爲魏侍中諱則公,皆世爲名臣。自許公而下三世,爲光州刺史奕公,奕公之四世孫爲隰州刺史諱益公,始由河南固始遷同安,是爲閩吾宗始祖,至今墓在同安沙溪之蘇坑。五世而至兩魏公亦世爲名臣。許公以前之世次,則正史可考;許公以後之世次,則詳於魏公所撰《叔父景陵府君墓志》中。廷玉宦游四方,未能重修譜系,然木本水源,固歷歷不敢忘也。

廷玉每慨華胄子孫,輒侈談其先世爵祿名位以誇示於人,而返躬自省,立身立朝諸大節,無一可以舉似,心甚恥之。編成,謹識數語,並略陳先世次系,以告夫後之子孫,尚亦有讀祖父之書而蹶然思奮者乎?至許公逸事,有散見於前人紀載,及公所著《壠上記》亦附刻於後。

附刻先許公壠上記書後

先許公詩文見於《全唐詩》、《文》內者,廷玉既彙輯爲全集付梓,玆又檢閱《唐代叢書》內,有許公所纂《壠上記》一册,及鄭棨《開元傳信記》、王仁裕《開元天寶遺事》、鄭處誨《明皇雜錄》、杜荀鶴《松窗雜記》,各載有許公逸事數則。諸賢與許公生同時世,其所紀載必確有所聞見,故並彙刻,以垂家乘。

施母曾太孺人八十壽序 代

蓋聞玉軸千層,南嶽秘登真之篆;瓊扉四扇,西池敞介壽之觴。花繁長樂,天姥投壺;樹老恒春,皇娥拊瑟。窺朱鳥之窗,胸懸五嶽;築瑤姬之館,位冠十洲。懿矣萱草庭敷,恰值梅花嶺發。

恭惟施母曾太孺人,系出天麟,家傳地鳳。紉蘭作佩,幼奉女師;裁錦成篇,長遵姆教。鏘雅韻於珩璜,扇芬芳於筐筥。爰自頌椒,已及穮李。繡閣描鸞,

《詩》詠於歸之子;軒車奠雁,《易》占演吉家人。時則鹿車對挽,鴻案均莊。恤絡緯而洮櫛焦勞,問有無而醪鹽黽勉。觸艓屏當,枲麻操作。堂上則甘滑必調,尊嬋養志;閫內乃和平不迫,邱嫂同心。敬以相夫,勤以課子。和丸佐讀,子有父風;截髮留賓,兒承母訓。庭花四照,群高四傑之名;人玉雙清,共羨雙珠之號。於是西京太學,盡重劉陶;東觀名賢,交推郭泰。車來徵辟,哲嗣皆彪怒與龍超;船是孝廉,冢孫乃鷟翔而鵠峙。固已地是女牀,盈柯皆鳳;門同合浦,入掌成珠者矣。

若夫慎以持家,恩能逮下。公父文伯之母,克懋坤儀;南宮敬叔之妻,式彰閫範。安不忘勤,提筐春陌;富而能儉,響杵秋砧。撲杜陵之棗,旁許鄰家;翳趙國之桑,時無餓者。惠及里閭,于公之門可大;恩周臧獲,王褒之約咸勤。

茲者德容彌晬,遐福逾遒;歲臻大耋,月是小春。郗夫人行年九十,神明不衰;齊田文有客三千,衣冠咸會。晝錦袷韝,斑衣鞠脞。蓬島春融,星妃設帨;金屏花艷,月姊奉觴。酒釀玻璃,齊唱無愁之曲;筵張玳瑁,高吟行樂之謠。是其酡顏舞鶴,仿佛安妃;允矣白髮扶鳩,依然家督。一官匏繫,未登祝嘏之筵;千里神馳,敢珥書祥之筆。頌桓鼇閫德,奉陶母閨箴。是以唐山奏雅,劈箋進起居八座之詞;豈但石室觀書,彈柱奏璃笈雙妃之曲。

文圃書院序

同安西八十里爲積善里,有文圃山,秀冠邑冶。里開環山而居者百餘村,其人皆秀而文,富與貴,亦爲吾邑冠。則山之靈秀所鍾,由來久矣。

里之人合建文圃書院爲會文地,始於道光壬寅五月庀材鳩工,竣於癸卯十二月,並籌定諸生肄業膏伙費白鏹萬餘金。祀子朱子像,配歷代鄉先達,歲時釋菜,堂哉皇哉,美矣備矣。潘星渚舍人屬余書額并序。余以黨庠術序,自古爲然,書院所以培養人材,爲國家用,爲閭里光,而山川之靈秀,乃鬱勃而發其奇。夫學者,學爲人也,文次之。《論語》訓弟子曰"行有餘力,則以學文",《小學》曰"士先器識而後文藝"。以故出爲名臣,處爲修士,三才立極,所以維持天地民物者,在人。人必本於學,斯體用備而才德全,地靈人傑,互爲維繫,則書院之設顧可少哉?

誠善局徵信錄序

人之生也輕,去其鄉歿則已焉,而骸骨思返於故土,理固有可推者。延陵季子葬其子於贏博之間,曰魂氣無不之。然首丘載諸古訓,惟聖人知鬼神之情狀,其然乎?其不然乎?

蘇郡商賈輻輳,徽人尤夥。及卒,子若孫率扶其柩以歸於鄉,禮也。而諸君復擴其義於同人,凡客死之殯而未葬者,設立誠善局於積功堂中,集數千金生息,以助歸喪,錄其事而諗於余。余守蘇郡,稽簿籍,凡普濟堂外及各堂不下十數處,生養死葬略備,惟助柩歸其鄉或未及。今諸君復爲此舉,蓋徽人之好義若是。觀錄中,勾稽有度,條目井然,雖數十傳不廢可矣。往余守松郡時,聞滬瀆間有施柩者,亦徽與寧兩郡人董其事。甚哉,徽人之勇於爲善也!抑嘗聞,各堂寄存之柩,浙東西、江右及吾閩人所在多有,繼自今或聞風相率而則效焉。羇魄無驚,歸魂獲妥,守土者與有責焉,余能無厚望也哉?

南郊游記

壬午午日,節是天中,人來地僻。偕松軒舍人,木齋、春農、韞山諸孝廉游於南郊。

時宿雨初晴,浮嵐欲滴,雙轂衝泥,飛塵不驚,平疇芳樹,濃綠迎人。由瀛臺少折而西,夾道蘆蒿,微風過處,其聲窣窣。有亭翼然,舍車而徒,拾級以上。亭建於江魚依水部,名陶然。亭廣數楹,憑闌眺遠,其南則雉堞鱗次,苔紋斑駁;其東北則闤闠萬家,蒼茫掩映;其西則西山爽氣,襲人衣袖。竹籬茅舍,人影天光,自然成畫,雲林山水,未堪落筆耳。亭之中,酒可沽,泉冽而香;蔬可挈,穀精而潔。觥籌既錯,夕陽半落,雲容變滅,雨意空濛。乃命巾車,循故轍,回視高阜平原,暮靄際天,殷雷奮地,既滌煩襟,全消暑氣。

吾人礧硉長安，正冠束帶，既曰無山林之趣，則茲游顧可少哉？耳目所得，胸次悠然，俯仰間詩情畫景，鬱勃指下矣。春農工畫事，屬作此圖，不可無詩，余以二律爲之倡。一時游興，千古美談也，必有琳瑯珠玉，以無負斯游者。

泉州武帝廟記

泉郡城之通淮街，舊有關聖廟，歲久陊剥。郡人鳩工庀材，徹而建之，並闢隙地百餘步，創寢廟以祀神先代。工竣，郵書來，屬余記其事。

余自甲戌通籍後，中外服官，自京師而吳、而秦、而齊、而蜀，計離鄉井二十有四年矣。凡童時釣游之處，少年絃誦之居，輒夢寐及之。而斯廟之馨香感格，靈貺聿昭，黷者黷，檜者檜，鄉人刓珥，罔不是孚，尤寅念焉不能忘。今里中諸君子乃宏規度起，黝堊之，丹艧之，足以答神祐而受神釐。余雖不獲襄其事，異時得謝歸里，與二三耆宿觀蜡臘、飲介僎，歲時瞻拜廟内，其忻喜當何如也。因書而附家郵達焉，俾泐諸石，且以識吾言。

是役也，慮事於道光癸巳年三月，閱十月而蕆，糜洋銀三千鉼。正殿五楹，若宋廟、若瓴瓺、若唐陳井匽，皆舊規也。寢殿三楹，若房序、若榮垂、若柤桓籑璜，皆新造也。其地則海洲社諸善土所獻，尤足嘉焉。備書之以示後。

意 園 記

蘇州城西南隅有園曰"意園"，創於陸氏，俗曰"陸園"。後爲鍾通守居，又曰"鍾園"，其實即"意園"也，吳人每以居之人名其園耳。

園分内外，不甚廣。入門榜曰"意園"，曰"蟠溪小築"。有池半畝，跨以石橋，翼以朱闌。池之上疊石爲山，上有六角亭，俯視晴波，游鱗蕩漾；下有石洞，由洞而北，有屋如舫，曰"不繫舟"。稍右，屋數椽，嵌以玻璃，玲瓏洞達，曰"玲瓏館"。北則倚墻，有屋數椽，有亭半角。池之東有四照廳，錢竹汀宫詹榜曰"飲緑"，襲范石湖舊名也。巨石二，峙庭中，如人立。雜植紅白桃、梅、枇杷、玉蘭、薔薇，間以楊柳、山樝、紫藤。樹有合抱者，而外園之景盡矣。

入内園，有亭二、樓一，繚以游廊，中軒然一屋聳峙。其北曰"廉石山房"，牡丹、芍藥分爲兩砌，而石山層疊，石磴縈紆。山之下有池曰"洗硯池"，叢桂修竹環之，花木繁翳，視外園尤茂。

先時春花盛開，每放游人，文人學士、紅裙翠袖，與販夫賈客，雜遝往來，啜清茗、縱談劇，吳俗然也。今春余僑寓此園，杜門不出。春花爛漫如昔時，清晨薄暮，徙倚旁皇。課園丁灌花、家僮掃地，獨坐孤賞，翛然意遠，竟不知垣外紅塵幾丈矣。同一園也，而繁華枯澹，今昔各殊。花開花落，順其自然，爲園幸亦爲余幸。他日或膺節寄，或老林泉，南北車塵，東西鴻爪，求如此時之游息斯園不可得，而斯園遇主之雅俗亦不能定。吾人之行止因乎時，而園顯晦亦隨之，故爲之記。時道光癸卯三月十二日也。

洗心退藏之室記

泉州新第之東，闢隙地構屋，名曰"洗心退藏之室"。屋三楹，前副以長亭，受四面風。旁有長廊，設卧榻爲消夏地。東偏屋爲藏書所，額爲"書倉"，面墙書"南面百城"額。庭中樹陰數畝，雜植花木竹樹。葡萄兩架，綠陰清晝，坐卧其下，寢食其中，不知墻外紅塵十丈也。始於道光丙午六月，匝月成，費白金五百。每夏月，大有清涼氣怡然也。回憶宦游三十年，簿書填積，日揮汗伏案，幾別仙凡。人生行樂耳。余性畏熱，夏尤苦，所至公署多有小園，而整冠束帶，堂皇聽事，接見僚友，日不暇給，何能科頭跣足、手一卷吟詠以永日哉？旁爲養廬，古樹參天，構小亭於下，顏曰"飲綠"。南則養蒙書舍，爲稚子誦讀地。前爲芥舟，顏曰"定静安舫"，因屋如舟，故名也。

嗟乎！吾少也賤，家無寸椽。幸登甲科，歷躋顯位，禄奉較優，數十年節儉，以有贏餘。仰蒙聖天子厚恩，早得歸休。前數年筋力尚健，好游山水，常自鐫小印曰"湖山佳處感君恩"，今則年近古稀，濟勝無具，不能再向名山大川作汗漫游。因構小園，疊石爲山，瀦池蓄水，以永晨夕，且貽子孫，不可謂非厚幸矣。故爲之記。

養廬記

《易》云:"養而不窮。"養之時義大矣哉!以德性言,曰養氣;以形體言,曰養身。寡欲則養心,主敬則養靜。兼内外以言養,故義大。余退老園林,深有愧於衛武公好學,老而彌篤。惟自繁華以歸平澹,雲烟過眼,時序關心,靜觀自得,淡與相忘,於身心不無裨益,則養之功顧可少哉?因顏靜室曰"養廬"。

泉州府學明倫堂立匾記

泉郡學明倫堂立匾,仿蘇州、福州之例而限制稍寬,以揚先哲,以勵後生,甚盛舉也。

夫忠孝爲行之先,甲科關文之運,歷年既久,姓名幾無可考。今爲大書特書,大庭廣衆,咸肅觀瞻,後之賢哲挺生,綿延未艾,豈但不薄今人愛古人哉?是役也,余總其成,而筋力已衰,不能事事,乃集同人共襄之。其博稽志乘、考據見聞,則林炯峰、王晴光、周承徽三茂才專司之;繕寫則知縣鄭以銓,舉人陳壽勛,副舉人黄人彦、陳超然,優貢李時中,廩生李時榮、王覲光、許祖淳,茂才何金鏞、莊焕文、蘇敬墉、蘇廷臣分任之。以道光丁未七月初二日,集同郡人士燕飲以落之。但願我郡人觀感奮興,争自磨勵,立德立名,蒸蒸日上。萃而上者謂之昇,而山川之英靈大振,用以蔚邦家之光,被閭里之榮,則兹舉不無小補也。又恐風雨剥蝕,久而漫漶,别刻稿底分佈,俾後之人有所考而繼之葺之,則我國家億萬年之景運,而我泉郡之文運,亦與爲無極,豈不懿哉?是爲記。

瘖鶴記

東海生築小園於城隅。疊石爲山,鑿地爲池,有亭有臺,有樹有竹,軒窗四敞,闌檻三叉。花時月夕,散步往還,隻身徙倚,萬籟無聲。客有自海州來,籠一鶴贈之。東海生喜,飼之園中,編竹爲籬,誅茅作屋以棲之。命園丁日餉以白米半升、清泉一勺,間以鰌鰍小魚。鶴感東海生德,每顧盼左右。伺東海生至,俯仰進退，善伺顏色。時或高視闊步，旁若無人，又若自鳴得意者。然而不飛不鳴者數年矣。

一日，坐客滿座，咸來觀鶴。或曰：「胎化靈禽，修翎長喙，絢爛華采，爲翼而飛者長，鮑明遠所以賦其舞也。《詩》曰'鶴鳴於九皋，聲聞於天'，言其聲之遠、聞而上澈也。《易》曰'鳴鶴在陰，其子和之。我有好爵，吾與爾縻之'，言賢者進而不肖者退，如大臣之以人事君也。兹胡爲不鳴不舞？是鶴之雌者。」鶴亦嗒然若喪，蹢躅如不安狀。客有啞然笑曰：「子眊矣，不見朱其頂而白其羽乎？是雄也，何誤爲雌？其不鳴也，蓋自有故。吾嘗上下千古，見夫磽磽者易缺，皎皎者易污矣。《易》曰'括囊無咎無譽'，又曰'吉人詞寡'。金人之銘，三緘其口，古聖賢所以垂戒者至詳，於鶴何尤。」鶴傾耳聽之，若色喜狀，矯其翼，趺其足，就雕闌而棲，若以後說之能道其心肺。而衆客之呶呶不恤也，因咸稱之曰「瘖鶴」。東海生曰：「是二説也，吾無以平章之，因並存之，以待世之善相鶴者。」

重修繼勇侯德公祠記

侯忠勇過人，平定教匪，東蕩西除凡八年。潼河之役，扼賊飛渡，億萬民賴以安，功尤鉅。侯卒，蜀民思之輒感泣。詔祠侯於成都北門外。禮：捍大災、禦大患、有功於民則祀之，宜也。歲久祠圮，乃捐廉庀材鳩工，仍其舊而修葺之，黝堊之，輪奐聿新，以妥侯靈，以洽民望，有司責也。工竣，率僚屬潔齋以祀侯，侯有知，其可以少慰矣。是役也，經始於丙申九月，越月落成。乃紀其事於祠壁。董工造者爲成、華二令濮瑗、黃魯溪，布政司照磨羅瑞。

吴氏小宗碑記

一家之興，必由於一人能光於前，能裕於後。及身垂訓，希陳實之門風；作則示人，守繆彤之家法。於是後之人詠歌之，思慕之，爲之享祀，烝嘗以報之。是匪異人任也，蓋嘗於吳玉田先生見之矣。

先生幼而岐嶷有志，及長，奔走吳越，服賈任勞，繼諸父而肩一家之政，又能教子讀書，伯仲兩君同登鄉榜。凡吳氏之創制顯庸，實由先生而盛。予未通籍時曾主其家，蓋先生母蘇太夫人娶自吾家，而次君怡棠太守延余督諸子、經、史課。戚好通家，重疊雅誼。時先生已歸道山，太守兄弟每談先生遺訓流風，輒以未建小宗、無以遂其尊禰之志為恨。後聞太守將逝，委此事於其冢嗣葆年。不幸葆年又不永年，仍委此事於其功弟廷綏。今廷綏克建祠宇，昇主其中，父兄之志，可無憾已。思為善後之計，定祭法，立規條，因郵書而以碑記屬余。余知廷綏之意，非徒喜其事之有成也，亦以保世滋大為難，而思垂戒於後人焉。

　　嗟乎！祖宗無不念其子孫。而惟象賢繼起，承其餘慶，如唐之柳氏，宋之呂氏、陸氏世族大家，雖弈世猶有餘榮。苟或不然，大傷祖考心，將入廟思敬，何顏對越念厥先人者？當自勉而自奮焉，斯可矣。此垂戒意也，吳氏子孫其敬聽之勿忽。至工程開費、所存田業財物，另勒碑記，毋庸贅言。

忘情論

　　昔人有言：太上忘情，其次不及情。情之所鍾，正在我輩。《禮》曰：情者，不可以直行者也。《中庸》注曰：喜怒哀樂，未發為性，已發為情。故與愛、惡、欲合為七情。醫書曰：七情主於五臟，過即傷而人病。是人之有情，有生以來也。人生最重五倫，而君臣、朋友以義合，父子、兄弟以天合，夫婦以人合，其用情則一。古今來，子不得於父，妻不得於夫，其情順，故雖貧賤、富貴、困苦、艱難，無不可委曲以成全，以統於所尊也。至父不得於子，夫不得於妻，其情逆。而貧賤易，富貴難，事至萬難，委而去之而人不知，故貧賤易；若富貴則牽制者多，而又顧惜顏面，不肯決裂，忍之愈甚，縱之愈深，敗壞乃至不可收拾，故富貴難。《論語》曰：富與貴，人之所欲；貧與賤，人之所惡，情也。今以處情之難，而所欲者為尤難，則人之所欲者，不幾反為所惡耶？竊以富貴貧賤聽之天，而存心養性存乎人。人極紛華美麗，每過而輒淡，此如文章，絢爛之後必歸平澹。故處貧賤富貴之境，悉以平澹視之，則愛惡攻取之念胥泯矣。天地間山川自為流峙，烟雲自爲變滅，草木自爲榮枯，鳶魚自爲飛躍，順其天而無心者，無情也。人爲萬物之靈，而熙熙穰穰，合今古天下而爲名利束縛，至於情以鬱而不得伸，家之桎梏甚於法律，又將如何？惟有磨浯溪之石鏡，過而不留；淬如來之慧劍，割而自捨。則有情者皆歸於無情，而山川流峙，烟雲變滅，草木榮枯，鳶魚飛躍盡其性。以盡物之性，無入不自得，亦聖賢素位之理，非禪家寂滅之言也。願與世之處情極難者一參之。

甲辰三月廿三日，因聽質民孝廉論處家之難，故作此以解之。慧悟即在其人，未易言也。自記

讀史合論

余平生作字觀書，雜沓無敘。臘雪沍寒，擁爐枯坐，偶取架上史閱之，有荆軻、聶政傳記及南宋史，隨意翻閱，喟然嘆曰："古今人不相及有是哉！"荆軻以市上莽夫，目無虎狼之秦，當戟士林立、圖窮匕首見，秦政之不死，天也。軻至死，談笑自若。聶政亦椎埋屠狗之雄耳，刺韓隗即黥面，自隱姓名，非其姊哭之而政不傳。夫軻與政不過感燕丹、嚴仲之知，遂不惜身命，以代復讎，非如食君祿者之大節在三也。秦檜以師傅平章之尊榮，奴肩婢膝，卑辭厚幣以博金人之歡。當檜在虜廷放還時，何嘗不慷慨激昂，以文章經濟相矜許，及利欲薰心，得失交戰，昧不共戴天之義，甘爲大奸惡之事，以視莽夫椎埋屠狗之軻與政，相懸何啻萬萬哉！迄今檜死而軻與政亦死，流芳遺臭，只爭幾希，而軻與政千古矣，可不懼哉！

雖是合論，然專論檜，非論軻、政，特借賓以定主耳。士大夫失其本心，至市夫椎埋者不如，可不愧哉？視爲抑檜而與軻、政，失作者苦心矣。此有關世道文字。受業汪承祜謹識。

醉人論

《周官》爲經世之書。而酒人爲酒，其法詳見於《詩》，則"爲此春酒，以介眉

壽",言養老也;記於《傳》則"酒以成禮,不繼以淫",言肅賓也。酒何負於人,而世乃以相詬病,嗜酒則曰"鬼"矣,惡酒則曰"漢"矣。《酒誥》則"群飲勿佚,執以歸於周而殺之"矣。雖然,古之飲酒而善醉者多矣,劉伶醉後使人執鍤以隨,曰"死便埋我",置死生於度外也。畢卓醉臥酒甕側,酒傭疑爲賊而縛之,忘尊貴於當時也。李白之斗酒百篇,即文人之流風餘韻也。今或量不過三合,而高希淳于髡之一斗一石,是才小而任大也。酒後叫囂怒喝,袒裼裸裎,狂走嫚罵,忘禮義廉恥之爲四維也。其醉之狀,頭則涔涔,天地爲之低昂,山川爲之搖動;目則燁燁,三光爲之無色,五采爲之不章;行則傲傲無威儀也,言則格格無倫要也。或口如瘖,或神如魘。語云"如醉如癡",言醉則癡也。酒氣沸騰而罔上凌下,靡所不爲,故又以酒爲狂藥。《詩》曰"彼昏不知,壹醉日富",其是之謂歟,而吾獨怪夫世之醉人何多耶?

治盜賊論

盜賊之爲患,由來久矣。殺越人於貨,憨不畏死,其所爲皆王法所不容。其事則不畏死也,其心未嘗不畏死也。始則逼於飢寒,而爲鼠竊狗偷之行;繼則麤其心計,而爲放火殺人之舉。積威約之漸,以馴致敗壞決裂而不可收拾。今之言治者皆曰:"勵精圖治,緩不濟急;莫若出財帛以畀之,爲救時良藥。"於是行之,而盜稍戢,遂謂四境無盜,已治已安。不清其源,僅逐其末,而吾事已了。蘇子曰:"信如子言,救一時之急則可圖,百年之治則不可。當此盜風稍熄,而慮害預防之計不可緩也。因其地之所宜,人之所習,燕秦慓悍,鄒魯秀良。剛以作其氣,柔以和其心,無事則守望相助,有事則衆志成城。譬如人身受病,氣血充則外邪不得入,縱暑雨祁寒,偶有觸犯,只以防風、荊芥、甘草、薄荷發其表,而裏自固,於元氣仍無傷也。良醫醫人,良相醫國,必有能剛柔互用、調燮咸宜者,非旁人所能代籌也。空言無補,顧力行何如耳。"

此是正論,却極平淡無奇,而行之甚難,所謂中庸不可能也,願與世之爲治者參之。自記

亦佳室文鈔卷三

江南提督陳忠愍公神道碑

道光二十有二年五月初八日，江南提督陳公帥師防夷，戰於吳淞，死之。事聞，上震悼，命地方官經紀其喪以歸，賜祭葬如禮，仍加賞帑金一千兩，賜謚忠愍，入祀昭忠祠。殉難處所及原籍，各建專祠。予親子廷芳騎都尉兼雲騎尉、世襲恩騎尉罔替，廷荣舉人，一體會試，孫振世及歲時送部引見。仰見天子篤念忠貞，賞延後嗣，恩禮稠疊動天下。嗚呼！黑海紫瀾，丹心碧血，雷硠霆激，星隕雲霾。天下知與不知，莫不盡傷哀慟，以為砥柱遽傾，誰挽頹波於既倒也。

自英夷犯順以來，以提督死事者二人。然虎門之役，關公天培僅以師潰自刎耳。惟公在吳淞，則燃巨炮擊沈夷船六隻，殲斃夷匪千餘人。使當時右師不奔，連營犄角，一乃心力，則鬵滅鯨鯢，掃盡欃槍，在此一舉。而乃相率圖走，莫肯為一手之援，卒使孤忠者身經百創，自效命於疆場馬革間也。嗚乎！海國之局至斯而一變矣，雖屬天意，豈非人事哉？今年公子廷芳等將扶柩葬於金榜山之麓，以狀來請神道碑文。廷玉，公鄉人，又故交也，不敢以不文辭。

公諱化成，字業章，號蓮峰，泉州同安縣人。曾祖欽，有隱德。祖青雲，父鳴皋，俱邑庠生，三世贈如公官。公幼端重，智勇過人，尚氣節，嘗慨慕古名臣風烈。善論史，談及馬伏波銅柱則喜其成，岳忠武金牌則恨其敗，憤懣哭泣，如身為之，有擔當世宇氣概。年二十二入伍籍，拔補水師額外，連殺賊數起，生擒三十五人，斬斃五人，馘其耳五人，功最，拔外委。嘉慶六年冬，李忠毅公督閩師，一見大奇之，曰"此名將才也"，命麾下善視之。公又俘盜許餴等七人於竿塘洋，攻盜劉遑等於白犬洋，額角被盜刀傷。七年，拔把總。蔡參等據橫山洋，公燬其船二。林以路等據四嶼洋，公獲其船五。公追捕及浙之南麂洋，擒施堅等十六人。十年又六月，李忠毅公在青龍港洋面命公戰艦隨行，公即生擒盜彭求等十八人。忠毅顧而喜之，拔千總。十一年正月，蔡牽陷鳳山，破洲仔尾，鑿巨舟塞鹿耳門，阻絕外援。忠毅扼隘口，命公登陸繞出其腹背夾攻之，毀其巢。牽勢蹙，乘潮發從北汕遁。公即遍海窮搜，在崇武外洋獲其黨陳見等五人，在水澳獲巨盜蔡三來一船，在三盤外洋獲王元等五人。十二年二月，在粵洋首先衝攏蔡牽坐船，牽擲火斗，燒公兩足。四月擊之目門洋，擒艇匪李五等八人。十一月攻牽幫船於浮鷹洋，獲其舟一，獲其匪黃顏等二十，斬其首六級。忠毅列其事以聞，十二月陞銅山守備。是月也，忠毅以死勤事，歿於廣東。黑水洋蔡牽賊艘僅三舟，皆公協捕出力，翦其羽翼之效也。越二年，蔡逆平，敘功不及公，公恬然安之，若罔聞也，識者難之。十五年，獲盜陳順等十二人於烏丘洋，陞海壇游擊。十七年，獲盜陳煌、吳降二人於河洲嶼，獲盜陳民等十六人於柑橘洋，斬其首二，射殪一，沈其舟一。奉旨以參將記名候陞。十九年，燬前村賊舟三，俘林普郎等十四人並器械炮火無數。時有逸犯林雁、林清匿在柏頭里，巨犯郭宇林蔭匿在秧厝里，公皆偵知，手擒之，置之法，補烽火參將。

今上即位元年，陞澎湖副將。三年五月，調臺灣副將。八月，陞廣東碣石總兵。十二月，調金門總兵。六年五月，臺灣匪徒滋事，公帶兵前往堵捕，旋調臺灣總兵。十年二月，授福建水師提督。公以廈門原籍奏請迴避，奉旨毋庸迴避。十一年，召見四次，聖訓溫諭，有"身經百戰，勇敵萬人，宜膺重任"之語。十九年，督緝弁兵出洋，在東椗外洋獲盜匪曾勝仁等三十七人。公在廈提軍凡十年，海波不揚，即有一二小醜，皆隨時撲滅，無敢有跋浪其間者，蓋公之素以殺賊稱能，先聲奪人，有以革其心而讋其志也。二十年，調江南提督。

召見時，面陳夷不足平，天子嘉其勇敢，命之任。既抵吳，不入官署，即駐吳淞海口，不入行署，在戎帳中與士卒同薪膽者三年。已而乍浦警報至，公度其必竄入吳淞也，即率偏裨與同官誓師，奮臂大呼曰："化成經歷海洋凡五十年，身在炮彈中出生入死，難以數計。且人莫不有一死，為國而死，死亦何妨。我無畏死之心，則賊無不滅矣。況賊所恃在炮，我即以炮製之。西臺發炮，東臺應之，使賊亦顧此失彼，掩耳不及，勝仗可立決也。"無何，西臺火熖蔽空，而東臺望風散矣，東臺散而西臺之公死矣。効用劉國標藏公尸葦蕩中，嘉定令練廷璜募死士覓得之，逾十日而公面目如生，怒視不瞑。嗚呼！公已死矣，而何以不瞑？公不滅賊，公之所以不瞑也。公不滅賊，而竟死於賊，公之所以不瞑也。公死於賊而又念自公死後，竟無人可以滅賊，公之所以愈不瞑也。功敗垂成，公乃齎志而死，公乃抱恨而死，公在九原，宜刺骨深痛無窮也。

天語垂問，臣工屢爲揮淚。丹旐所過，江南士民排巷祭爲位哭者數十百萬人。至今夷人就撫，尚贊嘆不已，曰："如此好將軍，自入中華來所未見也。"嗚呼！吾鄉自李忠毅公歿後，於今三十六年矣。公與忠毅里居相望，名位相同，而其忠烈之節，亦後先相繼，豈吾鄉山川磊落之氣，代多偉人乎？抑名將之生，上關國家氣運，而不得以地限之乎？嗚呼！浩然之氣，不待生而存，不隨死而亡；下則爲河嶽，上則爲日星。而磅礴凜烈，沛乎其不可遏者，直橫塞乎蒼冥而豈有極哉！死之日，距生之日爲乾隆丙申年三月十二日，春秋六十有七。

初娶吳氏，繼娶曾氏，側室康氏。子七人，長廷瑛，福建水師千總；次廷華，浙江錢塘水師都司，皆先公卒。廷芳襲世職，廷荣欽賜舉人。廷芸曾氏出，廷荃、廷蔚康氏出。女一，適舉人吳江孫宫壁。孫五人，振聲、振興、振作、宜貞、振世。其詞曰：

天生上將，毗代作楨。東南海澨，峙爲長城。天不死公，鯨鯢一空。天竟死公，罔奏膚功。天子曰吁，爾謀獨訏。爾竟授命，爾竟捐軀。茫茫巨浪，莫息天吳。有誰擊楫？有誰執枹？念爾藎臣，難贖百身。爾志何遂，爾目何瞑？昔事先皇，斬蛟重洋。廓清掃蕩，潮汐星霜。越余在位，重閫攸寄。爲余腹心，豈徒指臂？環顧百僚，如爾無兩。爾支大廈，爾鳴孤掌。采薇出車，歌詩可廢。忍聽鼓鼙，興思敵愾。其命部曹，書勛書勞。鼎鐘騰美，崧岳争高。嘉爾神勇，愍爾精忠。易名定諡，恤後飾終。匪云酬庸，用紀宗功。以勵來者，禦侮折衝。恩綸疊至，合祀專祠。公死不死，公如生時。熱血滿腔，英靈千古。國事孔殷，忠魂來補。

福建水師參將張然死事略

英夷犯廈門,參將張然力戰死。余素不知然,聞然吾泉人也,少時爲盜誘入其黨,後投首改悔,屢捕盜立功,階至參將。賊陷廈門時,手發炮,斃賊無數。及賊登岸,短兵接戰,然手舞大刀,又斃數賊。勢不支,衆勸之遁,然大呼曰:"今日乃然以死報國時也,何遁耶!"賊憾之深,群碎其尸。事聞,贈恤有加。嗟乎!當廈門失陷時,衆皆遁,然獨奮不顧身,以死報國,雖官止參將,而忠勇過人,視死如歸,得其死所,然亦人傑矣哉!

天象紀略

道光癸卯二月朔日,有白氣一道,斜亙西南,長數丈,似虹而直。初昏即見,夜深即滅。至二十九日,遂隱而不見,然已匝月矣。考黃鼎所纂《管窺輯要》內載白氣甚多,然皆以入各星宮辨吉凶。《寄園寄所寄》內載:康熙戊寅年十一月,白氣見西南,月餘乃滅。成其範奏:係吳逆就擒象。果於次年三月,滇南平。與此時所見方位、長短、久暫同,自應作止亂解。自道光二十一年至今,夷患蔓延。及粵議退寇,沿海猶存風鶴之心。惟賴天心厭亂,海波不揚,否極必泰,亂極思治,人有同心。況天子聖明,焦勞宵旰,必能感召天心,轉禍爲福,白氣之見,即爲吉祥占可也。因記之,以質博物君子。

君子之言,信而有徵。吉祥文紀吉祥事,而出於吉祥之人,當與天下共慶之。受業黃耀明謹注。

吳怡棠太守傳

太守氏吳,諱惇,字克垂,號怡棠,世居嘉禾里橋巷。祖與父皆以太守貴,封贈通奉大夫,祖妣、妣封贈夫人。兄弟四人,太守居次,少即穎異。乾隆乙卯,與兄諱洪、功弟諱江同舉於鄉,爲吾邑從來未有之盛。家豐於財,自男婦以及僕婢,食指千有餘奇。歲庚午,延余爲子弟師,視其內外整肅,長幼有序,家庭雍睦,心甚韙之。而太守以家政無人替代,竟不能出寄專城,以爲國爲民,故經綸未及展佈於外,時論深惜之。余以《大學》聖經,括王道之全,齊家治國,理本一致。余歷宦中外三十餘年,深知治家難於治國。蓋國專主於法,故令行禁止;家即兼以情,情不可直行而委曲成全,非有至性至情之流露,用威用恩之榦濟,何能使門庭以內藹如春風、肅如朝廷也?《論語》曰:"惟孝友於兄弟,施於有政,是亦爲政。"聖言淡而彌旨,非親歷者不知。嘗見世之擁高牙大纛以及一命之吏,其從政皆有可觀,而視其家反多勃豀嘻嗃之聲,則《大學》、《論語》所言,皆聖賢中庸至理,而太守過人遠矣。太守邃於醫,多活人,乃其餘事。

子五,長鹽運副葆年。次葆濂,歲貢生。三葆晃,户部員外郎,皆從余受業。四葆瀾,布經歷。五葆初,太學生。皆規矩循循,有父風,則太守孝友治家之貽謀可知矣。

蘇烈婦傳

烈婦蘇氏,名闌姑,同安馬巷廳十四都澳頭鄉人也。年十八嫁同里傅印爲妻,事姑孝。逾年生一女,甫五月,印賈於浙之乍浦。鄉人自乍回,述印已死。烈婦一慟幾絶,水漿不入口,日夜哭不絶聲。鄰有勸者,不答亦不言。越六日,姑與鄰婦又勸之,烈婦入房片刻,疑其不出,入視之,已縊於牀楣,氣絶矣,年方二十歲。此道光二十七年正月二十七日事也。

夫烈婦生於鄉僻,父與夫皆貧窮。其母早死,既無師姆之教訓,而以死殉夫,深明大義,絶無遲迴眷戀,較之古來忠臣殉國,其鐵石心腸,如出一轍。蓋天地綱常,賴人維持,而節烈之氣求之女士尤難。烈婦死義,榮於生存矣。烈婦父名鍾烟,爲余緦服姪。余旋里,聞其事,喟然曰:"傅氏有烈婦,則吾家有烈女矣。"哀其志而憐之,恐海隅僻陋,後將湮没,何以發幽光而慰貞魂耶?故爲之傳,以俟後之采風者有所考焉。

江南提督陳忠愍公墓誌銘

自英夷入寇,以提督死事者二人:廣東之虎門曰關天培,江南之吳淞則陳忠愍公也。虎門之失，兵將潰散，關提軍義不欲生，自刎以殉。忠愍則炮沈夷艘六隻，斃夷醜千餘人，夷酋令懸黑旗欲遁。而一炮飛來，身受百餘創，洞胸者三，公遂仆而兵散。夷艘反䭾，內陷寶山、上海。標下武舉劉國標負公尸，匿葦蕩中。越十餘日，署嘉定縣練廷璜求得公尸，滌其泥污，面色如生，怒目未瞑。易衣入殮，吳淞數萬民遮道哭失聲，僉以公爲海國長城。公不死，已成大功，不但吳淞不能破，寶山、上海不能陷，而夷艘斷不能破鎭江、逼江寧矣。然則公之生死關係國家甚重，豈獨江南一方哉！公死後，飛章入告，天容震動，淚下沾襟，每召對臣工，語及公事輒嗚咽，賜謚忠愍。予祭葬，頒帑金二千兩經紀喪事，又命沿途文武護其喪歸。予專祠於吳、閩，蔭其子廷芳騎都尉，廷棻賞給舉人，孫俟及歲時再沛恩施。天子之軫恤難臣如此其至。海內聞公死事，皆嗟嘆哭泣，歌詩以哀，盈數十卷，而吳越之民尤摯。

憶辛丑春，余僑寓吳門，公貽書曰：“英夷到處猖獗，已破虎門、廈門、定海，勢必窺伺吳淞。某海上攻戰四十餘年，風濤素習，嚴兵戒備，如夷來必能破之，以張軍威。設事機不測，亦必以死繼之。敢爲故人告。”余得書愀然，然素知其忠勇過人，壯其素志，望其成功，因手書反覆慰勉之。嗟乎！李光弼韔刀，雷萬春面矢，忠勇固公所素裕也。壬寅五月，余旋里，舟抵杭州，而公訃至，作詩哀之。及余奉辦理江蘇糧臺之命赴吳，練大令繪公遺像徵詩，遂令再繪副册，錄同人哀詞，歸遺其孤，以存家乘。余在吳時，江南文武官吏赴吳淞與公商事者，歸皆爲余言。公守吳淞三年，戎帳中，風雨霜露，與士卒同甘苦，即疾作，不入溫室，公得士心，士知公意，真大海長城也。牛督部貽余書，有公"志堅金石"之語。迨和議成後，夷酋璞鼎查問江南大吏言：“自到中國，所至披靡，惟吳淞力戰一晝夜，受創實深。設沿海皆如陳將軍，船炮雖堅利，無能爲矣。”是敵人亦服公之忠勇，他何論焉。國家昇平日久，民不見兵，一旦有警相率逃，安得如公數人，鞏固海疆，任干城選哉？然夷氛甚惡，四省騷動，吳淞雖陷，能張一軍，尚足以振士氣而立國威。文武官吏臨難苟免者何可勝數，公以死繼之，尤足千古。綱常之大，其功比虎門爲烈，而殉事則同。乃知二百年國家養士之報，而人心爲不死矣。兹以道光癸卯九月十二日葬公於厦門金榜山之陽。穴坐坤向艮兼未丑,分金丁未、丁丑,納幽有日。其孤廷芳以余舊知,來請誌墓。公固當代偉人,於吾鄉有光,謹就所見所知者紀之,至名諱世系以及子孫,均臚列於左,兼綴以銘曰:

大澤深山,厥有龍虎。桓桓將軍,天生神武。戎帳三年,誓同甘苦。功敗垂成,皇天后土。白日墜星,吳淞之滸。天容震動,淚下如雨。美謚專祠,贈恤優溥。蔭子及孫,載在勛府。惟浩氣之盤胸兮,竟難迴夫天數。膽藏魄於榜山兮,人咸傷爲傾柱。偶風雷之夜發兮,公猶張夫旗鼓。

公諱化成,字業章,號蓮峰,世居同安丙洲。生乾隆丙申三月十二日未時,卒道光壬寅五月初八日未時,年六十有七。曾祖欽,業儒。祖青雲,邑庠生。父鳴皋,邑庠生。封贈皆如公官。妣皆一品夫人。兄弟二人,公居次。元配吳夫人,繼娶曾夫人。子七:長廷瑛,官千總,次廷華,官都司,皆公撫子,以海疆防堵,先公皆殁於王事。次廷芳、次廷荣、次廷芸,皆曾夫人出。次廷荃、次廷蔚,側室康氏出。女一。江南人相傳公没爲神,曾於吳淞乩示曰:"將相本無種,男兒當自強。可憐臣力盡,一死誤君王。"雖杳冥不可知,然生英死靈,理或然也。

陳忠愍公繼配曾夫人祔葬壙誌

余既誌忠愍公墓之明年,其繼配曾夫人卒。孤廷芳等將奉以祔忠愍公塋,又以誌請。謹就所知所聞者質言之。夫人氏曾,富齋公次女。年十九歸忠愍公爲繼室。每以不逮事舅姑爲憾,歲時祭祀,必潔必誠。處姒娣和,教子女正,待婢妾慈,持家勤儉,荆釵布裙,雖貴不移。忠愍公素清介,得夫人而益彰,論者推爲賢內助焉。迨忠愍公爲國捐軀,聞訃後,夫人慟不欲生,憂戚中日,誨諸子以忠孝大節。傷過疾作,遂以道光二十四年甲辰九月二十(下原闕)

福清教諭周獄李先生墓誌銘

(前闕)家學,世有通侯。黃散門風,系真宰相。郁齋公子七,先生序四。

生挺英姿，幼蓄奇慧。應劭懸弧，神光照社；虞延墮地，白氣昇天。固已推國士而無雙，拜人師於十二矣。

弱冠，補博士弟子員，試必高等，餼食上庠。豫章郡學，續之早冠同門；洛下秀才，叔開咸推第一。時郁齋公督學畿輔，先生佐之，分校試卷，釐剔弊端，古尺獨攜，靈犀孤照。辨騏驥於九衢，網珊瑚之七尺。嗣以鄉試薦卷挑取謄錄，未幾，丁父憂。性本純孝，禮是毀哀。子春食旨不甘，崔九風吹即倒。加於人者一等，從其至者三年。家居檢文貞公著作，如《榕村藏稿》、《籌樓稿》等集，分四集合梓之。《文集》、《語錄》、《詩所觀篆》與《歷象本要》諸書，與弟合校之，俾公諸世。讀祖父之楹書，紹箕裘之世澤，士林仰之。服闋入都，以館中議敘選閩學訓導，調龍溪。政唯禮樂，官是師儒，牘不煩乎署尾，屋可任其打頭。問字酒來，束脩羊至。雖槐花屢踏，一第何足溷人；而苞葉可陳，諸生以時習禮。經義既昌，齋規猶峻。由龍溪調臺灣，時海氛未靖，戰艦交馳，委辦軍需，當幾立辦。桓元子蓮花幕內，唯有郄超；房次律曳落河中，誰當劉秩。昇庸揖客，獨高汲黯之名；妙選儒官，合用繞朝之策。士皆脫劍，海不揚波。大憲以先生有應變才，登之薦牘，由長泰昇福清教諭。兩次計典，均列卓異。疊催赴部昇選，先生皆以太夫人年高堅辭。皇上臨御初年，命封疆大吏舉名臣子孫，先生以賢良裔，特賜舉人，一體會試。登孝廉之選，榮逾制科；就廣文之官，才稱博士。先生上念國恩，下感親年，乞養得請，采蘭馨膳，樹草忘憂。老萊唯求舞綵，溫嶠終恨絕裾。十年奉母，慈竹平安；一氣分形，荊花暢茂。丁太夫人憂，致客數郡，廬墓三年，喪葬如喪父儀。嗟乎！先生一生行誼，居家則維孝維友，仕宦則必慎必勤。處兄弟而分甘讓肥，接親朋則春風和氣。所謂宇宙完人，先生有焉。客歲偶受風溫，告假調攝，方將烟霞三隱，服食八公。無何，海上之龕已成，天半之棺遽下。駕駿鸞鶴，帝遣巫陽之招；人騎尾箕，神復修文之位。古道照人，典型在昔矣。

公生乾隆十二年丁卯，壽七十二。配氏蔡，太傅文恭公女，副室氏王。子二，長志成，庠生，王氏出。次志中，癸酉拔貢，蔡氏出。女二，孫三，婚配皆名門。千里神交，徒傷梁木；一官匏繫，未奉束芻。呼其嗟焉，乃爲銘曰：

梓里先生，孝友性成。讀書養氣，率祖攸行。廉隅謹飭，返樸歸真。學古入官，不愧完人。全受全歸，飛鴻爪迹。先正典型，高不可及。修文地下，上焕星精。陟降左右，永奠佳城。

林劍溪刺史墓誌銘

臺陽林劍溪同年，以道光二十五年三月初四日亥時卒於里第。余聞訃，既哭之哀，茲以道光二十六年十一月十七日卜葬嘉義角宿山，宅坐乙向辛兼卯酉，丁卯丁酉分金。先期，其孤克家等以行略遠涉重洋，請誌墓。爲嗚咽累日，不能下筆，然交誼既篤，又不敢辭。

余與劍溪同舉於鄉，初未識面。甲戌計偕，晤於京師，遂傾肝膽。其溫厚沈摯氣象，令人敬而愛之。計甲戌、丙戌，兩度春明過從，殆無虛日。劍溪每以不得一第爲憾。余以仕宦祇論有才無才耳，一第何足涸人。世有登高科而從政茫然者矣，以劍溪之精明强幹，使出而任天下事，必卓然異於俗流。乃遵例捐知州，竟以家事牽纏，不能大展其所抱，此命之限人也。而其學問經濟，當風雨晦明、促膝談心時，早稔之。茲納幽之文，謹就余所知，並按狀質言之。

公姓林氏，諱希哲，榜名希文，字寶華，號劍溪，祖籍龍溪。七世祖仲渡臺，住崙頂莊。六世祖國學生日壽，始遷新化里三舍莊。高祖附栢，歲貢生。曾祖鴻烈，武庠。父維增，恩貢生。公生而穎異，年甫弱冠，入邑庠，中式，戊辰恩科舉人。甲戌、丙戌兩上公車，報罷，遂遵例報捐知州。自丙子丁父艱，哀毀特甚，闔郡會葬，咸嗟嘆。二弟庠生希周、三弟庠生希謙、四弟希德，先後殁，一肩獨任家計，撫諸姪以成立，故未仕。丙戌，畿輔歉歲，閩大吏勸臺商運穀到津平糶，公捐穀二千石。嘉邑前無書院，公偕王沁亭捐金倡置義田，以資膏火。明先賢黄石齋先生有經義四種未梓行，公與孝廉林巽中刻以惠後學。道光壬辰，奸民張丙作亂，公率丁壯保護鄉里，其地毗連善化安定，南自蔦松埔，北至曾文溪，綿亘二十餘里，大小七十餘莊賴以安。衙蠹藉捕黨羽害民，公白於官治之。乙未，邑增築子城，公捐白金千兩，兼董其役。又捐穀八百石入義倉，議敘加一級紀録四次。丙申，奸民劉籃滋事，兼值歉歲，公捐米與地瓜簽，設廠灣裏街賑之，全活無數。辛丑，英夷窺伺臺疆，公先時聯莊以防之。郡中海東書院室隘，公捐貲添建之。甲辰，漳泉人分類械鬥，匪徒糾衆五六百人到莊派飯索錢，公力疾命長男克家率丁壯截堵，擒首匪黃利等五十餘人解郡。郡人士咸謂公弭亂未萌，大有功德於民。臺大吏如姚石甫、熊介臣諸公皆倚重之。

公性嚴毅而與人無争，自奉澹薄而見義必爲。親友中皆倚爲緩急，遠近稱之。余綜公立身、接人、行事，皆能捍災救患，賑饑興學，事事功德在人，臺之官吏亦賴以濟，不但疎財仗義已也。設得尺寸之柄，即古循吏不是過，未竟其用，爲可惜耳。然君子居於鄉，可以救民善俗，與仕於朝，可以濟世安民，無二理也，於公又何憾哉？

娶黃氏，海澄學毓周公長女。子三，長克家，郡庠生，議敘八品銜，紀録二次，娶王氏。銘曰：

大海之東，深山大澤。篤生偉人，束身圭璧。救災弭患，盤胸籌策。使仕於朝，功堪竹帛。行善於鄉，陰德日積。後其永昌，請觀此石。

龍溪施太翁墓誌銘

余自蓬山謫後，案牘勞形，筆墨因緣，久虛夢寐。勖齋孝廉計偕入都，僦屋過從，肝膽俱傾。春闈報罷，匆匆南轅，行有日矣，以乃祖誌銘請。嗟乎！郭有道碑文，李百泉墓道，筆皆如椽，詞堪泐石。自古誌墓，必仗文人。勖齋結納多名公卿，乃獨以斯文見托，則以余稔其家世於晦明風雨中者深矣。謹爲誌曰：

公諱石崖，字漢珠，又字宏義。先世自固始入閩，以功封萬户侯，遂家於漳。數傳，遷洪岱，又數傳，遷半山，皆以詩書世其家。父贈修職郎，諱思永，妣林氏。公序五，生而穎異，有國士目。弱冠，伯仲季兄皆殂，鴒原影隻，燕翼心傷。公不欲以家計累堂上人，乃輟舉子業，就計然術，由廈島及臺灣，來往無虛日，負百里米，承二人歡，所謂用力用勞者，此也。遭父喪，毀不欲生，旨食不甘，風吹即倒，與古人有合焉。喪母如喪父，邱嫂三，事之如母，孤姪四，撫之猶子，庭以內人言無間焉。夫吾儒立身大節，聖賢經世萬言，皆以孝弟爲仁之本，吾於公見之矣。若夫拯困扶危，好賢周急，義在必爲，不驕不吝，非徒氣量過人，抑亦學問彌粹爾。或曰：公於賈則三倍利市，於家則十年生聚，乃儉於己而勤於家，非人所及。不知此特公之末節耳，具詳家乘，奚煩覼縷。

配氏曾，廩生騰驤公女。子四，長昭，貢生；次濟美、濟泰、濟時，均貢成均。孫男十一，孫女二，曾孫二，婚嫁皆名門。生乾隆丁巳，卒嘉慶戊午，以庚辰　月　日卜葬於廿九都後坑山。銘曰：

維孝與友，先民之矩。人無間言，乃合於古。君子篤行，氣度舒徐。僉云善士，何必讀書。善事陰行，食報必厚。不於其身，必於其後。佳城永奠，山高水長。必有興者，克迪前光。

歸郭敬軒孝廉旅櫬祭文

歲庚辰九月，亡友郭敬軒卒於京邸，以辛巳七月歸櫬，廷玉襄其事。啓行有日，聊備蔬果，以奠其靈，奉辭而告：嗚呼痛哉，敬軒去矣！君誕降於乙巳，返真於庚辰。豈復修文之位，夢應龍蛇；抑遣巫陽之招，神騎箕尾耶？以君姿稟純固，宜永其年；乃修短有時，竟奪之魄。嘔傷心血，縱多公瑾十年；剖出肝腸，未竟劉蕡一第。吁嗟痛哉！堂前髮白，空歸游子之魂；膝下口黃，猶是寄生之草。固已鮫珠有淚，海亦爲枯；鶴羽凌霄，石應早化矣。然而不可知者命，莫可逃者數。齎志重泉，何分壽殀；登仙異地，任聽輪迴。彭籛無長生之術，仲氏有問死之言，自古爲然，於今何慟。茲以七月奉移丹旐，敬附糧艘，爰自他鄉，超登彼岸。敦維桑維梓之誼，咸攸麥舟；慰全受全歸之心，應正丘首。千里關山，惟英靈自爲呵護，諸天魂魄，勿陟降而重欷歔。敢告時日，用薦馨香。靈而有知，鬼其無餒。所有賻贈諸姓氏另列冥鑒。

再與任虎卿比部索酒啓

前書索飲，未獲報命。無厭之求，更端有請。酌以大斗，豈真緣木之求；飫我盛筵，當無望梅而止。過門大嚼，不僅留髡；得食相呼，勿饑臣朔。烏有青州，願無貽譏於玉局；坐花醉月，實深有望於蓮仙。君別號蓮仙。

亦佳室文鈔卷四

重刊先魏公文集後跋

先魏公文集七十二卷，宋槧本久已無存。道光庚寅，廷玉守蘇州，陳恭甫太史來書，命就武林文瀾閣重鈔校鋟，以公同好。廷玉亟令人録出副本，乞序於太史，太史喜而序之。後以宦轍奔馳，校讎未就。每往來齊、魯、秦、蜀，車塵馬迹，必藏行篋以自隨，不敢忘也。今歲歸里，乃得陳念庭學博覆校之，考證完善，即付諸梓，以畢十年心事，時道光壬寅七月也。

按：《宋史》稱"建中靖國元年公歿，年八十二"，其年爲辛巳，距生之年則天禧四年庚申也。登慶曆二年進士，公年二十三。紹聖二年《乞致仕疏》所云"臣今年七十六歲，仕宦五十四年"是也。紹興九年己未，文集始編成書。汪浮溪序曰"公歿四十年，公之子携始克集公遺文"是也。紹興己未至今壬寅，凡七百有四年，廷玉始重刊。本書之顯晦於世，固亦有待乎時如是耶？

夫自古聖賢建不朽之業者，其精神常周於數千百年以後，而使之聞風興起，而況爲其子孫者乎？公嘗序《小畜外集》曰："見於行事之謂德，推以及物之謂功。二者立矣，非言無以述之，無述則後世不可見，而君子之道，幾乎息矣。若乃德與功偕，文備乎道，嘉謨讜論見信於時主，遺風餘烈不泯於將來。"於乎！此公之論人，公之所以自道也。昔子朱子稱爲道學淵深，履行純固，始終一節，出入五朝，高風聳乎士林，盛烈銘乎勳府，是蓋將比古之所謂大臣者。而廷玉昇沈宦海幾三十年，立德立功，無能仿佛其萬一，徒懷景仰之思，深嘆祖武之難繩，爲抱慚無地耳。曩在蘇州時曾得蔣氏所藏宋板魏公《譚訓》二本刻之，恭甫太史爲摘其謬誤若干條，茲仍重鐫以附於後。近復得《泠然齋集》，爲公之四世孫召叟公所撰，亦并校刊之，以存一家言，於以見明德之先澤，綿綿延延，以至於今,乃益大顯於世也。然非太史之留心文獻,指以相示,非諸君子之參互校讎,以共成是舉,又安能廣以傳佈耶?因事緣起,謹跋於後。

補刻先魏公新儀象法要後跋

先魏公《新儀象法要》上、中、下三卷,圖六十四,世無傳本。道光壬寅夏五月,廷玉赴浙之文瀾閣借校魏公文集,獲觀是書。九月奉命赴江蘇辦理糧臺,匆匆過浙,因屬劉玉坡中丞覓善手照閣本影摹全本,附刻於文集之後,以垂家乘而公同人。是書原委備詳《四庫全書提要》,閱者可以曉然矣。

先魏公譚訓跋

先丞相魏公《譚訓》十卷,紹熙癸丑周珌刻於無爲州軍。子朱子《名臣言行錄》屢引之,閩中舊無刻本,幾失其傳。昨歲移守蘇州,乃得精鈔校宋本於黃氏士禮居,並借壽松堂蔣氏所藏宋槧,屬同鄉夏玉甫別駕、族兄子質民孝廉詳加釐訂,闕者補之,誤者正之,鐫板寄藏吾邑學宮子朱子請建魏公祠內,以存家乘而垂永久。校字者長男士榮、次男士準也。

空山古寺殘詩感舊圖跋

王南陔中丞師,爲廷玉微時知己。師於嘉慶辛卯間以司馬借補馬巷通判。時因泉郡各屬械鬥甚熾,大吏以師德能化民、才能止鬬,故以大銜借補小缺。下車後,集生童數千人扃試詩文,拔六十人。時廷玉年未弱冠,屢冠其軍,師又面試五六次,即期以遠大。晉謁時勖以立身敦品,又令常讀名儒、名臣、循吏列傳。迨廷玉戊辰舉鄉科,而師已陳閩臬。甲戌成進士,師已撫閩部。道光庚寅,余守蘇州時,師已落職家居有年,命公子曼壽挐舟來視,手書有:"某識足下於三十年前,今疆域相距數百里,側聞政聲洋溢,不負所期,故命子往謁。"並寄二絕句以勉,兼示《空山殘詩舊感圖冊》屬題,因次石君相國題壁原韻綴於卷末,時尚未見此卷也。及廷玉陳川臬,師寄手函並其封翁、封君行狀,命爲合傳。來書云："某識足下於未弱冠之前，早知器識宏通，才德兼備，他日必能爲國名臣，故求爲先人合傳，以垂家乘。否則某自通籍後，曾任封圻，非無名公卿椽筆可丐，而必數千里遠求足下者，非重其官，重其人也。"廷玉且感且慚，如命郵寄。師亦有手書答謝。後山川修阻，罕遇鱗鴻。不年餘而師亦修文赴召矣。

壬寅九月，奉仍以四品京堂起用辦理江蘇糧臺之命，道經蘇嶺，向寺僧索閱此卷，破碎幾難著手。笥河學士聯語已刊板懸於寺壁，其原紙亦半霉蝕。因並携至姑蘇，重裝完好。至前題圖册副本尚存曼壽家，歷年已久，不能記憶。惟今年六月過蘇嶺，口占二首，附錄於後，裝成，仍寄寺僧藏之，以鎮山門。故歷敘師四十年前知契之深，而於此卷淵源有自也。時道光壬寅十月二十三日，記於蘇州新橋巷意園。

跋郭蘭石大理臨孟法師碑銘墨拓

蘭石前輩善書，海内咸知之。壬辰，余陳臬山左，是秋，蘭石典試來濟南，距在都時送其督學西川已四年餘。揭曉後，秉燭敘闊懷三日，即入都。癸巳正月十日，忽聞蘭石於小除日已赴修文，廿年交好，慟之數日。蘭石目光炯炯，氣體極充，年未五十，何委化之速耶！林少穆中丞亦係舊時至交，不忍湮其筆法，搜羅真草書，刻以公同好。其書傳則其人傳，舊友苦心，足告死友於地下矣。因其寄來三種裝而記之。

蘭石於唐人流傳斷碣殘碑，無不臨摹，其性所近也。此銘臨中令而更出以遒勁，洵足爲後人模範。

跋郭蘭石大理金書八大人覺經

蘭石書本由率更令入手，後於唐賢碑碣無不臨摹，故無木強弩張之氣。丙戌夏，得佳紙，乞書此本藏之，并丐顧南雅、姚伯昂兩學士各書籤額云。

跋郭蘭石大理楷書千字文墨拓

蘭石爲余作楷書字極多，有金書《八大人覺經》、《多心經》。又使蜀時，於山西侯馬驛舍爲準兒書一册寄京師,今皆存余家。其筆力始於《醴泉銘》,後兼學顏、柳、褚、虞,無不極其妙。惜年未五十竟赴修文,追懷良友,悵何如之。

蘭石督蜀學時,有木版《千字文》藏學署,刷惠士林。其結體用筆,純用率更法。此係林少穆中丞摹刻於吳中,神氣極爲蘊藉,剛健婀娜兼有之。少穆郵至蜀見贈,因書於後。

跋宋拓九成宫醴泉銘

道光辛丑夏,僑寓吳門消夏。坊賈携此本來售,筆致剛健婀娜,神氣内充,洵是佳本。準兒平素好臨《醴泉銘》,因購以予之。今時所見率更帖,似此本者極少,是宜藏之。率更令所傳各拓,即善本亦若有歪斜不正之弊,不但字體不正,而木强弩張之態,純是火氣,轉以誤人。得其剛健婀娜,去其稜角鋒芒,神而明之,存乎其人。

昔郭蘭石大理自言:"臨《醴泉銘》千過,後參以褚河南、孟法師碑,同州《聖教序》,及唐賢斷碑殘碣,其學乃進。"良不誣也。

跋岳忠武公行書墨拓真迹

此拓在嘉興府岳廟,拓本不多見。同年楊飛泉守郡時,拓以持贈。岳忠武忠貞浩氣參天地、揭日月,而其書法堅勁秀潤,凜凜有生氣,豈善書者所能及!道光癸卯五月,自吳旋閩,借住僧寺,遍游西湖名勝。寺僧引至岳廟,向其裔孫敬瞻武穆真像及繼忠侯像。岳王白面,坐而觀書,英氣奕奕,信名將本名儒也。又有王所遺銅印一方,并徽宗所賜手札真迹。

跋陳荔峰師手札

師書別爲一體,瘦勁出塵,不落凡徑。至華札之妙,人比於孟公尺牘,况及門耶?玉外除九年,得師手札必藏之。此丙申九月自京郵蜀書也,期望與勉策交摯,距師於十一月十八日即赴修文之召,嗚呼,墨瀋未乾,梁木已壞,痛哉!書此以志慟。

跋褚河南墨拓

此碣係新出土者。神氣筆力，油然畢露。楊桂山方伯由西安寄來，裝之以備臨摹。

跋董文敏孝經墨迹

余守蘇郡時，高文山司馬携所藏董文敏楷書《孝經》見貽。章法筆力，到底不懈，當是晚年得意筆。何竹薌大令素學文敏，摹刻以公同好。名人善書楷法世不多得，如此卷之完善尤不易也，因記於後。

跋董文敏論書手册墨迹

蒼勁之氣，流溢字裏，當是晚年得意筆。余守雲間百餘日，求文敏書畫不獲一，後於蘇郡得卷册各二三。楷法以全部《孝經》爲上，草法以此卷爲佳。名人善書全璧亦不易也。

跋文衡山行書墨迹

道光壬寅四月二十二日，時將歸隱。沿海有警，道路戒嚴，且住爲佳。周介堂太守以此册贈行，附以犀玉二杯。念舊雨之多情，嘆浮雲之屢幻。因記於後，以誌不忘。

跋磚塔銘墨拓

《磚塔銘》以秀峭有神勝，故學亦易肖。有碎爲九塊、七塊者，神雖較足，然字數太少，自以全文爲佳，不必拘於原本翻本也。

跋米元章手札墨拓

元章此書最守矩矱者，而神韻亦飄飄出群。晴窗臨撫，輒復神怡氣爽，使人意遠。

元章用筆中鋒，其神韻尤不可及，當爲宋四家冠。此本刻於長安碑林，乙未冬赴都述職，還過青門度歲，遍閱碑林，率多殘缺，此其一也。

跋李靖亭侍御楷書墨迹

靖亭侍御直聲震天下，字學虞、褚，世多珍之。蒼勁鬱勃，殆如其人。

跋張得天行書墨迹

道光壬辰冬，詩舲觀察以此册持贈。觀察爲文敏從孫，家藏數十年，紙墨如新。觀所記，益知其得力於松雪，自少至老，不倦如是也。

跋趙松雪天冠山詩册墨拓

趙松雪《天冠山詩册》，筆遒而潤，神秀而清，自成一家，學者宗之。

跋鄭耕門孝廉畫册

耕門孝廉，漳郡雅人也，工畫，飄然無俗態。歲壬午，計偕住京，時相過從，屬寫八幅。余於此事本茫然，暇時展玩，輒爲意移。

跋蒙古珊濤畫册

此蒙古珊濤車公畫册也。李潤堂勛伯與珊濤爲總角交，因携此册以歸。次兒建賢年方舞勺，見而悦之。潤堂不忍拂其意，與之。今珊濤歿二年矣。余與潤堂善，因識珊濤。珊濤玉立長身，工詩畫，吐屬風流，俗塵屏絶。重展此卷，不禁爲之三嘆。

跋蘇文忠公表忠觀碑手卷墨迹

謹按坡公年譜，公以熙寧四年辛亥除杭州通判，十一月到任，至七年甲寅九月始去杭赴高密。九年丙辰，在密州作《表忠觀碑》，時公年四十一歲。元豐辛酉，公年四十六歲，在黄州始治東坡。次年築雪堂，自書"東坡雪堂"四字榜之。計公自庚申至黄至辛酉，爲二年。在黄日以困匱，每以詩字自娱，此卷當寫於寓居臨皋亭時也。昔人評公書多矣。山谷以爲中年圓勁似徐會稽，至老大精神與顏魯公、楊少師方駕。又云坡書真、行相半，便去羊薄不遠；晚年沈著痛快，乃似李北海。又云公天資解書，比之詩人李白，如太華三峰，卓立參昴。解大紳《春雨齋》評曰："東坡豐腴悦澤，綿裹藏針。"董香光《畫禪室隨筆》云："世謂坡書學徐季海，余以爲出於王僧虔耳，但用其結體，而中有偃筆，又參以顔常山法，故人不知其所自來。"前賢之論詳矣，玉淺陋，又何敢言。嘗讀公集及史傳所載，公居黄，自謂多難畏事。先禁其詩，後禁其書，故宣和進御書畫，凡有題跋皆割去。靖康之變，内府所藏盡輦以北，而公墨迹流落人間者，居然獨存。則此卷之流傳至今，詎可磨滅也耶？同年楊文泉大令將西歸，以此卷留别，破損幾難展卷，因裝而藏之，並記於後。

世傳坡公作書，於卷後必留數尺，曰"以待五百年後人作跋"。其高自標許如此。元豐距今何止五百年，又何幸而得跋於後也。

董香光跋《赤壁賦》，以爲力透紙背，純用中鋒，是坡公之《蘭亭》真迹，在王履善家，每波畫盡處，隱隱有聚墨痕，如黍米珠恨，非石刻所能傳。香光去今未遠，此卷不知流落何處，顧安得此以儷之耶？

跋楊雪椒比部彙集友人手札册

嘉慶庚辰夏五，與雪椒同官雲署，公餘緒論，輒心折焉。以所裝訂友人手札册見示，辭多規勸，語少揄揚，是友直也。吾知雪椒之友，益知雪椒矣。

跋伊墨卿先生書石庵相國詩卷

墨翁漢隸，海内珍之，故行草以隸掩。道光癸卯六月，時將歸隱，道出清湖，墨翁長嗣少沂明府適宰是邑，别十二年矣，出此卷見示。諦審至再，蒼勁挺拔，自成一家。益信善書在筆勝,不論何體也。

跋劉文正公手札後

劉文正公,勛名事業烜赫古今,而書不傳。伊少沂明府出墨翁所藏卷見示,因得肅拜敬觀,深快眼福不凡耳。敬跋於後。

跋李忠毅公詩册後

廷玉與忠毅公里門相望。鄉人輒傳其剿海寇時,波濤汩没中寄意詩歌,自一片盡瘁真氣流出。今讀此册益信。吾誦其詩,吾知其人。

跋大士像册後

道光丁未夏,坊賈携大士相三十二圖來售,即以數金易之。畫筆工緻,當是名手所繪。佛光普照,不敢自私,敬謹裝潢,安設彌陀巖,交寺僧珍護。巖有石像,大士爲吾郡福神,得此册更足永鎮山門矣。

跋寒林瘦石圖

竹莊道人畫筆爲吾鄉先進,著名海内,咸珍之。而吾鄉人往往不多得,或以其近而忽之耶？此軸法雲林瘦石疎林圖意,而蒼勁古樸,老氣縱横,直逼沈石田而上之,信足珍藏。静室相對,如身在秋山澹宕中也。

書袁安卧雪圖後

客有持《袁安卧雪圖》求題者。展卷視之,白地光明,樹木竹石,清潔絶世。茅檐中一人擁敗絮卧門外,一人掃雪除道。林外隱隱有旌旗前導狀,蓋洛陽令來訪也。余卷而藏之,忽沈沈睡去。夢古衣冠人排闥入,揖余曰:"起起,余將有言。"諦視即圖中人也。因曰:"子非袁高士乎？"答曰:"唯唯。"余佯恚曰:"君四體不勤,五穀不分,以至飢餓不能出門户。且以君之才名,又不能挾策干時，博人間富若貴，以驕妻妾而周窮乏。僅以貧而傲視王侯如土芥，輕富貴若敝屣，徒博虛名，於世何補！迨令憐其憊而周之，幸免殣溝壑爲餓莩，有愧於閔仲叔之猪肝累安邑多矣。以故敝衣菜色，肘見踵决，能不羞當世士哉，尚欲何言？"其人作色，大言曰："始吾敬子，今吾不敬子矣。"拍案而起，拂袖欲去。余辭而謝之曰："前言戲耳，請畢所言。"乃坐而言曰："我袁安，高士也，九泉之下，真靈不昧。昔即知公少時忍饑苦寒，不受人憐，貧而傲，與吾同調，衣敝緼袍與衣狐貉者立而不恥，有仲子風。迨後擢高科，登顯要，心存君國，知無不爲，爲無不力。及退休林下，泉石烟霞，蕭然自得，無富貴俗惡狀。我不能如公之貴而有公之貧，故欲有言。頃聞子言，不知爲戲，深愧所聞不逮所見，故欲去。"余愀然正襟，叩所欲言。曰："我處漢世，嫉世風日偷，關係人心風俗不少，故餓其體膚，空乏其身，不知千萬辛苦以羞富貴利達之士，亦欲使百世後頑廉懦立以維世道。竊謂勵節操而重廉恥，與撥亂反正，輔佐昇平，功不在凌烟、麟閣下。而後人不察，僅以高士目余，作詩繪圖，徒與風雲月露，僅供詩料，丹黃白綠，同成粉末，負我實甚，非本心也。公能爲闡之，亦潛德幽光意也。公今不能如昔之貧，而更甚於前之傲，言而世爲天下則，士思附青雲以益顯。公其有意乎？"斂容肅揖而滅。余居鄰蕭寺，晨鐘一杵，霍然驚悟，雞已三唱。回憶音欬，在耳洋洋，因披衣起，書於圖後。時道光壬寅十二月十四夜也。

夢魂恍惚，夢囈參差，癡人說夢。夢中夢，身外身，是虛是實，是二是一，以爲先生搗鬼可也，以爲高士譚禪可也，以爲訓俗型方亦無不可。我醉欲眠，先生休矣。書袁安《卧雪圖》後自記。

題昭覺寺圖

成都北門外十里，竹木蓊鬱中爲昭覺寺。建自唐代，僧徒稟戒律嚴，游人不得以葷食入其門。戊戌人日，張曉瞻觀察招多時帆廉訪，周藹餘、王春綬、尹實夫三觀察及余六人，携清酌往游，寺僧以素饌進。列坐廊廡，觥籌交錯，余倡作詩以紀之。各賦古今體，彙書一幅，屬宮庶侯刺史圖之。此宦游數年，不可多得之舉也。

夫名山古寺，清磬一聲，梵音百號，其境幽曠，輒令人有舉頭天外之想。寺僧既習焉不察，而士大夫又罕至其地，春秋佳日，水木清暉，聽雲烟變滅已耳。況吾人簿書填委，十丈紅塵，滿腔皆俗。當此春風微和，朝曦初上，案頭牘少，焚尾香濃，茲游顧可少哉！昔白香山守蘇州時，以"一日宴犒九日勤"，至今稱為佳話。今則運會已殊，幅幀廣而庶事繁，守土者日昃不遑，百勤難犒一宴矣。比者年穀順成，民物恬熙，二三知己，循郊原，叩禪關，伸雅懷，豈非厚幸？若謝太傅東山絲竹到處隨之，論者以為游寺看山，足了公事，推為晉代第一流人物，則吾儕無其才，且無其志，當謝不敏。因記於圖之左。

蘇母莊夫人墓誌

道光二十三年臘月初二日，廷玉始得改葬吾母於湖裏之原，穴坐癸向丁兼子午。納幽有日，敬為誌曰：母氏莊，泉州城內人。年十六歸融亭府君為繼室，逮事祖母郭夫人，以孝稱。祖母老疾，臥牀十餘年，母冬夏晨昏，先意承志，飲食澣濯，抑搔溷廁，皆親任之，無刻怠。祖母忘其疾苦，遍告族婦曰："願吾婦有子貴顯，以報十年孝敬。"時廷玉尚未生也。母撫前母洪夫人所出兩兄、兩姊如己出，生三兄廷策及廷玉。乾隆壬子，隨父宦皖省，以甲寅十月十七日戌時疾終官署，年四十歲。臨歿時，執廷玉兄弟手曰："兒能讀書成名，我侍祖母於地下，願足矣。"時廷策方十五歲，廷玉方十二歲耳。嘉慶戊辰，廷玉舉於鄉，乃葬母於上蘇坪堒。越二十三年，蟻蝕冢陷，遂遷而厝之，時則道光十年庚寅也。回憶母歿已五十年，廷玉幸獲科第，忝竊朝禄，母皆不及見。迨官刑部郎中及外除府道、按察、布政、總督任內，屢遇覃恩，僅能贈母為恭人、淑人、夫人、一品夫人。嗚呼！身後虛榮，何能上報罔極？又以宦海奔馳，未能躬覓片壤，致母柩已葬復厝者十年，不孝負罪，擢髮難數。今兄弟皆即世，僅廷玉孤露尚存，年已六十有一。每念禄不逮養，痛不欲生。茲卜葬有方，遂自營生壙俟祔，俾千秋魂魄仍依膝下云。謹誌不銘，親則無文。若乞名公椽筆以勒石，又恐粉飾近誣，轉不若自誌之切實也。故和淚書之。母子四人,孫十一人,曾孫二十五人。男廷玉泣誌。

龕石自撰壙誌

《洪範》九:五福始曰壽,終曰考終命,言全受全歸,理也。古有自營生壙、治生棺者,世以爲達,而實理也。人生天地間,有生即有息,事所必有,理亦固然,又何諱焉。諛墓之文,子孫必乞名公卿椽筆以爲榮,而詞多飾而誣。余息影蓬廬,日長無事,乃仿古人生壙生棺之意,自爲壙誌,事皆紀實,言亦親切。至他年匿迹銷聲,月日以及卜葬坐向,即令子孫謹誌於末,附刻以納於幽可也。

余名廷玉,字韞山,號龕石,歸田後又號退叟,世居同安。曾祖漢闕公,祖國宸公,父融亭公官安徽泥汊河巡檢,皆以余官四川按察使時封通議大夫。曾祖母徐氏,祖母彭氏、郭氏,母洪氏、莊氏,封夫人。又以余官四川總督封贈三代,考光祿大夫,妣一品夫人。融亭公四子,余爲季,以乾隆四十八年五月初二日辰時生於馬巷廳翔風里十四都澳頭鄉。兄景星,歲貢生,以余官刑部郎中貤封朝議大夫;景悅;姊二,適紀氏、何氏,皆洪夫人出。兄廷策,未娶卒,與余皆莊夫人出。十歲時隨母赴父任,十二歲母卒,慟不欲生。十六歲父卒於官,哀毀如喪母,天性然也。家貧甚,衣食不給者數年,而發憤讀書不息。二十一歲補邑庠,二十六歲戊辰舉於鄉,三十二歲甲戌成進士,改翰林院庶吉士,散館改刑部主事,歷任員外郎、郎中、律例館提調,以京察一等授江蘇松江府知府,署江寧府知府,調蘇州府知府。勤聽斷□□□,昇陝西延榆綏兵備道,署江蘇督糧道,調蘇松太兵備道,昇山東按察使,署布政司、鹽運使,調四川按察使,以軍功賞戴花翎,昇四川布政使,加兵部侍郎、都察院右副都御史銜,昇四川總督。以猓夷頻年出擾,奏請舉兵撻伐,以救民命張國威,奉旨以未能籌畫萬全、妄思大舉,降補四川按察使,奪花翎。昇大理寺少卿,入覲後,奉旨休致。旋奉旨仍以四品京堂起用,辦理江蘇糧臺。計通籍後京職十三年,外任十二年,各敬其事。在蜀七年,嚴辦匪徒,民賴以安者數十州縣,賑恤饑饉,民賴以生者十餘萬户。去蜀日,百姓遮道，萬人泣送，余亦依依淚下。至吳、齊，雖有公明慈惠之稱，然爲時未久，不如蜀之入人深也。

夫人高氏，邑附生超然公女，性剛如丈夫。甘貧苦，尚勤儉，雖貴不移，至老不倦。長子士榮，邑增生，官通判；次子士準，邑附生，官直隸州知州，皆高夫人出，并女四。三子士毓，四子士廉，五子士綸，皆妾范氏出，并女一。士榮娶武舉汪捷陞女，士準娶舉人王沛瑛女，士毓娶江蘇海門同知陳經女，士廉未聘，士綸聘浙江提督世襲伯爵李廷鈺女。孫瑞書、瑞霖、瑞雲，皆士榮出；楷、楨，士準出。余生平質直剛毅，遇事敢爲，自貧困至仕宦，不受人憐。歷官顯要，皆荷特達之知，無薦引者。與人言無粉飾，居官時開誠佈公，無脂韋習，退則獨善其身，故朋友無惡聲。惟少孤，每以祿不逮養爲憾。父祔祖母郭氏塋，旁無隙地。每戒諸子他年即葬我於母莊夫人墓側，俾千秋魂魄仍依膝下也。因自誌大略如此。誌而不銘，不必銘也。

道光二十三年癸卯五月，鼇石自書於西湖聖因寺，時年六十有一，由吳旋閩時也。

自書壙誌大略如是。若天假之年，得與木石鹿豕長此居游，不知何年歸真，中間雲烟過眼，隱見各殊，多有變更，則聽兒孫隨時增益附記於後，不能先知也。並記。

嗚呼！吾父墨瀋猶新，音容何往耶？回憶歸田十稔，矍鑠如初，乃壽甫七旬，奄然棄養，時咸豐壬子三月四日也。以癸丑十二月廿日，由泉扶柩歸葬本鄉之傅脣山。泣讀自誌，命筆於末，不孝五內崩裂，安能搦管而有言耶，又安敢違命而無言耶！先是，祖妣莊夫人葬湖裏，父旁營生壙爲祔葬地，故有"千秋魂魄仍依膝下"語。後犯蟻卜遷此山。今父塋坐丙向壬兼午子，相距祇數十武，承先志也。嗚呼！父往矣。思林下以來，於省則募神槍以制夷，於郡則命築堡以防寇，於邑則置堂而育女嬰，於廈則修冢而澤枯骨，時謂有文正憂樂之風焉。他如建文昌廟，修尊經閣，區明倫堂，捐考亭膏火，興其事而收其效，士林誦之。夫重前型以迪來學，其素願也；懷先澤以垂家乘，其詒謀也。吾族自唐許公、宋魏公、明紫溪公，代有遺書，父一一刊佈之，其所望於後何如也。雖一慟吾弟士準，再傷吾兒瑞霖，而瑞書兄弟同時一衿根實，曾孫同堂四代，書於父卒之年，復領優薦，淵源自在，在後人勉之而已。不孝敬遵遺命，爰撮所知，謹誌如右。若少力學，長服官，大端具於自誌者，不復贅。孤子士榮、士毓、士廉、士綸泣血勒石。

家誡

《詩》云："妻子好合，如鼓瑟琴；兄弟既翕，和樂且耽。"《詩》未嘗言父母也。而夫子以父母其順解之，有如妻子、兄弟能好合和樂，父母有不順乎？反是，則父母能順乎？詳味此言，而孝弟之心生矣。

兄弟爭產偷薄之行，其後必衰。產乃父母所遺，足供衣食，撫躬已大過分矣。而爭之以傷父母之心，不如無產之猶得和睦翕耽也。此事皆起於婦人見小，曾丈夫而婦人耶？世之富貴家爭產者多矣，曾見有長富貴者乎？有寒士家無產可爭而致大富貴者亦多矣，顧視自己如何耳。相讓是美德，相爭是惡德，禍福消長之機在此。以心之厚薄，能消受不能消受已分其界。旁人恥笑其外者也，子孫壞樣其後者也。小子戒之念之。

古語云："兄弟如手足，妻子如衣服。"此言極有味。手足斷不能續，衣服敝可再做，輕重分矣。兄弟皆父母遺體，左右手左右足有異乎？以父母視之，則一人耳，又何厚薄之分。能體父母之心爲孝。夫孝，百行之先也，凡事皆從此起。至同父異母之兄弟亦然。世人多有嫡庶之分，夫嫡庶妻有名分也，至兄弟則名分相同，無分別也。待庶弟如同母弟，此人便達理，天地鬼神亦默相之，是在天存心耳。心之厚薄，即富貴、貧賤、壽殀之所係也。

教子弟以誠實、勤儉爲本。我幸竊朝祿，外人皆以爲大富貴家，於子孫皆稱爲貴公子。夫貴公子誠然也，能讀書明理，處事通達，纔是好公子。不然，"貴公子"三字未易當也。令人可敬之爲貴，不要令人可薄，僅存"貴公子"之名也。吾嘗言世家者，世其禮法，非世其輕薄；世其詩書行誼，非世其衣服飲食也。汝曹念之。

讀書要學爲人，作文乃其餘事。古語云"書多人自賢"，以其理明也。至制科以詩文，特藉此爲進身之階耳。試看入官以後，詩文一毫用不著。然以明理爲人，則是好人；以明理爲文，則是好文。二者相通，故兼習之。若科第有命存焉，聽其自然可也。

堪輿家言地理，太失之鑿，不可盡信也。但古人重附身附棺之義，只要穴地乾潔，後有屏，前有案，不爲風蟻所剥蝕，則善矣。至子孫之賢否，非乞靈於冢中枯骨。不過祖宗與子孫同氣連枝，一脈相關，無風、無水、無蟻，即妥其靈而昌其後矣。

居喪不用浮屠，伊川程子家教也。司馬温公亦力言齋僧禮懺之非，而世俗相沿，竟至傾家蕩產，若不如此即非孝子順孫，此大可嘆也。吾願子孫以此爲戒。至吾鄉有庫錢之説，亦起於僧道所言。各按生年之所屬鼠牛虎兔以爲多寡之別，何難將紙錢焚畢，用子孫出名，作一牒文，移交冥府，爲其祖若父還完庫錢，不較僧道更得力耶？婦女最信此説。或女喪偶，延僧爲之，亦人子事，死如生養，志之一端，然俗例真可笑也。甚有打猴名目，則男女拖蔴帶白，聚觀歡笑，直是看戲一般，更不堪矣。廈門、漳州此風極盛，泉州則無也。

人必有本業，方不是游民、惰民。士、農、工、商，四民之業也。四者之中，惟士、商二途最寬。士或致身通顯，商或致貲千萬，皆不可限量，農、工則僅自給而已。若無本業而悠忽終身，日月逝矣，歲不我與，所謂"少壯不努力，老大徒悲傷"也，哀哉！

校點後記

《亦佳室詩鈔》、《亦佳室文鈔》各爲四卷,清代蘇廷玉著。蘇廷玉生平,已見本集前收《自記年譜》"校點後記"。

蘇廷玉在官,勤於政事,不以文字自顯。尤其是詩作,成於退仕者居多。蘇廷玉逝世後,長子蘇士榮等收集其父詩文遺作,並請蘇廷玉的生前好友、提督學政楊慶琛加以審定,刊印出版。

《亦佳室詩鈔》收集蘇廷玉的古風、絕句、律詩等共一百六十餘首。內容豐富,格律嚴謹,對仗工整,格調莊雅,具有很高的文史價值,對後人深入瞭解前賢的身世背景、生平足迹、思想情懷當有所裨益。

《亦佳室文鈔》共收錄蘇廷玉撰寫的各種公文奏摺、政論時評、寺廟碑記、亭園游記、人物傳誄、墓誌銘和題跋類文章共七十餘篇,內容豐富,條理清晰,體裁多樣,駢體文與散體文兼而有之,體現了進士出身的蘇廷玉之豐富的人生閱歷和深湛的文學素養。《亦佳室文鈔》卷四專爲題跋類文章,《紅蘭館小叢書》名之爲《亦佳室題跋》,另行收集。

《亦佳室詩鈔》和《亦佳室文鈔》均根據咸豐六年(一八五六)同安蘇氏刊本進行校點。囿於點校者水平,舛誤疏漏之處在所難免,敬請學界同仁指正。

編　者
二〇一二年一月

温陵盛事

目　錄

泉州府學明倫堂立匾記 …………………………………… 160

採訪啓 ……………………………………………………… 161

明倫堂立匾總目 …………………………………………… 163

泉州屬永春德化 …………………………………………… 213

紀盛詩附 …………………………………………………… 215

泉州府學明倫堂立匾後序 ………………………………… 225

額題姓氏 …………………………………………………… 226

校點後記 …………………………………………………… 228

泉州府學明倫堂立匾記

泉郡學明倫堂立匾，仿蘇州、福州之例而限制稍寬，以揚先哲，以勵後生，甚盛舉也。夫忠孝爲行之先，甲科關文之運，歷年既久，姓名幾無可考。夫爲大書特書，天庭廣衆，咸肅觀瞻，後之賢哲挺生，綿延未艾，豈但不薄今人愛古人哉。是役也，余總其成，而筋力已衰，不能事事，乃集同人共襄之。其博稽志乘、考據見聞，則林炯峰、王晴光、周承徽三茂才專司之；繕寫則知縣鄭以銓，舉人陳壽勳，副貢黃人彥、陳超然，優貢李時中，廩生李時榮、王覲光、許祖淳，茂才何金鏞、莊焕文、蘇敬墉、蘇廷臣分任之。以道光丁未七月初二日，集同郡人士燕飲以落之。但願我郡人觀感奮興，争自磨勵，立德立名，蒸蒸日上。萃而上者爲之升，而山川之英靈大振，用以蔚邦家之光，被閭里之榮，則兹舉或不無小補也。又恐風雨剥蝕，久而漫漶，别刻稿底分佈，俾後之人有所考而繼之、葺之、新之，則我國家億萬年之景運，而我泉郡之文運亦與爲無極，豈不懿哉！是爲記。

　　賜進士出身、大理寺少卿、前兵部侍郎兼都察院右副都御史、四川總督管巡撫事、翰林院庶吉士同安蘇廷玉記并書。

採 訪 啓

竊惟山川毓秀,蔚起人才;賢哲挺生,成爲文獻。掇高科而登顯仕,濟濟衣冠;榮閭里而光邦家,昭昭聞望。家傳忠孝,自堪千載留徽;署厥姓名,足爲一方生色。我泉憑山負谷,地雖處乎海濱;家誦户絃,風本稱爲鄒魯。歷唐、宋、元、明之世,代有傳人;登文武將相之科,指不勝屈。榜開龍虎,歐陽之品望魏峨;運兆鳳麟,盛均之科名嶘嶪。貞心則忠愍忠烈,名節森嚴;理學則文節文莊,淵源遠紹。豈獨侍郎顧氏,稱器宇之恢宏;並推方伯王公,擅品學之丕著。傅錦泉之元度,矩矱猶存;張襄惠之神威,風徽未泯。況我國家,照宣聲教,暨訖海邦;而我温陵,輝耀人文,争雄上國。文貞相業,偕理學以俱傳;壯烈勛名,勒鼎鐘而不朽。與纂修於東觀,陳詹事學識崇高;秉節鉞於西川,蘇制軍豐裁宏峻。持衡校士,陳、許、龔接踵南嶽之間;執簡奏言,陳、黄、杜齊名烏臺之上。自今以後,鳳閣之選日多;與古爲新,龍首之徽允繼。兹者欲仿姑蘇盛軌,匾額高懸;備循榕郡新規,榮華誌美。明倫堂上,大書先達之名;科舉場中,用勵後人之志。溯夫科名取士,自唐代而始開;厥惟妙手掄元,極文名之顯著。一甲傳夫臚唱,並稱及第之榮;三品列乎官階,乃進大臣之位。他如文宗視學,簡命特膺;御史進言,近臣寵渥。命將至於提督,位已極高;列爵班夫公侯,遇尤隆盛。忠義薄雲霄之上,誠爲大節可欽;孝行立天地之經,自見人倫克盡。皆堪標其姓氏,昭示來兹,表厥丰規,互相輝映者矣。若乃年湮代遠,久難盡稽,郡志《閩書》,或不及載。且永德之地,於今雖置一州;而雍正以前,此邦實統七邑。按疆域之分合,采訪必周;隨年代而後先,標題始當。恐有遺漏,爰作小引以佈聞;願各裔孫,咸舉先型而來告。庶幾清華碩□,萬斯年不墜典型;仰企前光,百君子咸知奮勵。至於事方創建,不無待於鳩金;然而費不須多,或易集夫狐腋。果其擁乎豐厚,爲祖宗縻費固其宜;若或乏乎餘貲，而同人代輸無不可。凡諸閥閱華冑，尚其踴躍而前；謹將議訂條規，悉以開列於後：

一、鄉賢經入祠者立題名匾。

一、忠臣孝子經旌表者立匾。

一、五等爵及册封使者立匾。

一、文武鼎甲、傳臚、會元、解元及鄉會重宴者立匾。

一、文官三品以上立匾。

一、學政臺諫立匾。

一、武官提督立匾。

一、五子登科立匾。

一、進士翰林立題名匾。

一、繼起者自行立匾。匾華麗隨時，而大小俱不得逾舊式。

道光二十六年十月　　日，泉郡紳士公啓。

明倫堂立匾總目

從祀廟庭專區一

明理學、解元、提學，諡文莊，晉江蔡清

鄉賢總區二

唐
歐陽詹　　　謝翛
宋
石起宗　　　蘇頌
元
夏　秦寓賢
明

蔡清	陳琛	蘇濬	林希元	李廷機
何喬遠	詹仰庇	林胤昌	顧珀	朱鑑
周天佐	蔡道憲	郭惟賢	王畿	莊際昌
李聰	李逢期	蔡黃卷	莊用賓	莊國楨
莊尚稷	李伯元	吳韓起	黏洪錄	黏燦
王任重	陳學伊	王振熙	張岳	莊應楨
何變	張迎	劉會	戴一俊	蔡復一
蔣君用	歐陽深			

清

| 李光地 | 洪承疇 | 施琅 | 施世騏以上從祀學宮及專祀。|

163

唐

黄 曄　　陳 黯

宋

韓 琦 誕生于泉。　蘇 緘　　曾 會　　邱 烈　　諸葛安節
陳從易　　曾公亮　　曾孝寬　　呂夏卿　　柯 述
曾 懷　　李 邴　　留 正　　梁克家　　許 清
王力行　　張 讀　　陳知柔　　諸葛廷瑞　諸葛直清
傅 察　　傅伯成　　莊 夏　　曾從龍　　洪天錫
呂大奎　　邱 葵　　莊彌堅　　莊彌邵　　徐明叔
陳 瑾　　留 恭　　留元剛　　莊彌大　　劉昌言
呂 璹　　錢 熙　　蔡霆發　　黄 □　　王 炳
傅天驥　　李 沂　　黄 甫　　黄 旦　　梁公蘧
黄子中　　鄭 袁　　黄宗旦　　謝 履　　江 常
温 革　　莊公岳　　吳 岡　　劉 鏡　　黄學行
黄巖孫　　余克濟　　連三益　　邱迪嘉　　鄭思忱
陳 綱　　宋 宜　　蘇 紳　　石 賡　　石 亙
劉 逵　　許 權　　蘇 祕　　林 棐　　許 衍
許 衍　　柯 翰　　薛舜俞　　陳 洽　　吳子斌
黄萬頃　　許巨川　　王南一　　吳 燧　　劉志學

元

諸葛晉　　莊元弼　　顏應祐　　盧 琦

明

楊 智　　謝 洞　　林 同　　田 嵩　　王 宣
蔡 祐　　李 源　　史于光　　黄 偉　　邱養浩
張文應　　黄克復　　林 嶢　　張志選　　林性之

莊士元	蔡元偉	薛天申	易時中	蔡克廉
何元述	黃□昇	陳道基	王用汲	張冕
林一新	史朝宜	趙珆	林鉞	蘇士潤
林奇材	秦廷帷	林敦忠	史朝賓	趙恒
周標	余福	陳濬	謝寧	陳睿
張茂	莊鵬	李愷	劉録	郭良
張瑞	張宇	洪垣星	袁璟	陳濂
駱日升	郭長發	張鏞	曾偉芳	黃學元
陳玉輝	張峰	何炯	李續	吳從憲
吳安生	陳一道	翁堯英	倪維哲	陳道曾
何觀	莊敏	李汝嘉	馮亮	詹源
田嵒	劉孔宗	吳應宗	黃瑗	諸葛駿
謝光	陳□	黃潛	詹皖	薛時通
黃潤	王慎中	王春復	陳讓	黃喬棟
朱安期	許宗鎰	黃德洋	鄭一鸞	黃養蒙
史朝富	江萬仞	鄭良璧	李瀾	丁自甲
李應元	黃憲清	張治□	蔡國炳	林雲龍
蔡一槐	李贄	李繼芳	林喬相	林燉
林武苴	蘇士潛	陳邦顏	傅夏器	張嶢
黃伯善	歐陽模	吳龍徵	龔雲致	林欲厦
楊道寶	諸葛應科	劉宏寶	陳瑛	吳夢相
蔡增譽	李茫□	鄭沛	潘洙	蘇茂相
蘇茂杓	陳亮采	鄧鑣	黃國鼎	謝望儼
蘇懋祉	王寅揆	張朝綱	周思兼	李仕亨
程光陽	洪猷	蔡炫徵	郭龍	蔣光彦
陳鳴華	許學宗	陳文方	龔時應	金時舒

蘇朝陽	李 瓚	李廷森	諸葛羲	劉廷琨
鄭邦佳	張奇峰	傅 畿	洪澄源	楊敬齋
林欲楫	洪 璽	柯 信	傅 機	沈維龍
趙秉孜	洪 彩	傅慶貽	黃華秀	張宇薦
陳烜奎	黃夢松	詹 靖	李仕觀	李 煜
李 栻	李 璀	李 亮	陳福山	黃 廣
林 啓	□□□	謝 崑	楊逢春	王三接
洪邦□	李 文□	葉明元	蔡貴易	傅 鎮
劉存德	洪朝選	李獻□	林一材	王道顯
蔡守愚	蔣孟育	柯鳳翔	□□章	蔡獻臣
劉夢□	林應翔	劉 嵩	陳章應	崔 惠
黃 寧	□ □	張廷□	洪纖若	林一□
劉夢潮	陳榮選	李春芳	池□德	林宗載
陳保泰				

清

□□□	郭天錦	施世綸	陳龍巖	盧 □
□□□	劉作梅	陳觀泰	陳遷鶴	官獻瑤

忠臣 總匾一

五代

王忠順 晉

宋

蘇 緘 同	曾孝序 晉	曾 訏 晉	魏國梁 晉	
王大壽 晉	楊世永 晉	曾 注 晉	陳龍復 晉	

明

詹 寅 泉	陳 讓 晉	周天佐 晉	黃 釗 溪	駱日升 惠

何　燮晉	蘇茂杓晉	蔡道憲晉	蔡□明晉	郭符甲晉
周　斌晉	王　銓晉	楊　範晉	陳一道晉	童乾震泉
歐陽深南	秦　椿晉	王世實 宜興人籍晉江	黃守魁晉	蘇夢儀晉
蘇國瑋晉	劉光鼎晉	徐永泰南	葉秉乾同	黃　仰晉
胡有燿同	薛天申晉	周岳鎮晉	黏席珍晉	張正聲晉
崔　惠晉	范　方同	郭承汾晉	洪淯鼇晉	陳有功晉
黃岳寀同				

以上贈官、賜諡、賜葬、承襲、特祠。

御史忠臣專匾一

清湖廣道監察御史安溪李玉鳴

伯爵提督忠臣專匾一

清浙江、福建水師提督，□□總統□，諡壯烈伯世□□□□□同安李長庚

提督忠臣專匾一

清浙江提督、諡忠愍同安陳化成

忠臣專匾九

清晉江林維咸

清浙江溫州鎮總兵官同安胡振聲

清艋舺營參將同安周承恩

清福建水師後營游擊晉江張然

清福建水師中營把總同安陳建勛

清福建水師右營把總同安紀光壽

清福建水師右營把總同安紀國慶
清福建水師右營把總同安楊肇基
清福建水師後營把總同安王啓明

忠節 總匾一

宋

曾 謂 晉	曾 黉 晉		

明

莊用賓 晉	劉 雄 同	傅新養 南	韋國賢 晉
蔡國斌 晉	蔡啓明 晉	張一蓼 晉	李□佳 晉
陳顯謨 晉	蔣德璟 晉		

清

施世澤 晉

孝子 總匾一

□

林頤壽 晉	張 讀 溪		

元

黃道賢 □	□ 惠 晉	韋起宗 晉	秦 昇 定遠人籍晉江	何喬遴 晉
宋則人 晉	陳 曙 □	□ 禮 □	鄭東陽 晉	楊守愷 南
李訓掃 溪 以上旌表		元顔應祐 溪	王 熺 晉	傅 機 南
黃鼎象 南	張 迎 惠	莊用晦 晉	王應篤 南	王文昇 晉
秦廷唯 晉	王定民 惠	李 亮 溪	陳建沆 晉	吳喬相 晉
張志越 晉	諸葛麟 南	王 阼 惠	張 粲 惠	錢應增 晉
江秀卿 惠	丁光琛 晉	莊 淦 晉	李先春 溪	唐煜黎 溪

陳　永晉　　陳　安晉　　富可濟晉　　富明新晉
清
三王樂同　　林德馨晉　　陳允錫晉　　陳淑選同
鄭魁萬晉　　林　珣晉　　以上列憲旌獎

　　　　　　孝子專匾八

清旌表晉江林福
清旌表晉江林鼎漢
清旌表南安李登卿
清旌表惠安張元嘉
清旌表惠安莊琛
清旌表安溪李雲永
清旌表南安梁廷珪
清旌表惠安陳明通

　　　　　　孝行總匾一

□
吳德彰惠
明
曾　魁晉　　陳敦質晉　　陳　昇晉　　薛天華晉　　陳敦履晉
杜思夔晉　　杜思侚晉　　江　澄晉　　陳學源晉　　陳康祐晉
莊鳳章晉　　鄭　陞溪　　伍民憲晉　　黃俞叔□
清
林化衷同　　蔣棠徽晉　　翁華鐘晉　　翁士光晉　　林可樑惠
秦師彭晉　　陳大綸晉　　薛石□晉

狀元宰相專區二

宋慶元己未科殿試第一甲一名、資政殿大學士晉江曾從龍
宋紹興庚辰科殿試第一甲一名、右丞相、觀文殿大學士、諡文靖晉江梁克家

解元、會元、榜眼宰相專區一

明隆慶庚午科順天解元、萬曆癸未科會元、殿試第一甲第二名、太子太保、大學士、諡文節晉江李廷機

榜眼宰相專區二

宋元豐乙丑科殿試第一甲一名、光祿大夫、知樞密院事同安劉逵
明萬曆壬辰科殿試第一甲二名、太子太師、大學士晉江史繼偕

探花宰相專區二

明萬曆丁未科殿試第一甲三名、建極殿大學士晉江張瑞圖
明萬曆丙辰科殿試第一甲三名、東閣大學士、入辦閣事同安林釬

宮保宰相專區二

宋太子太保、觀文殿大學士同安蘇頌
明太子太保、文淵閣大學士晉江黃景昉

宮傅宰相專區

清太子太傅、文淵閣大學士、諡文貞安溪李光地

宰相專區七

宋太師、中書令、昭文館大學士晉江曾公亮

宋太師、左右丞相、觀文殿大學士晉江留正

宋光禄大夫、端明殿學士、知樞密院事晉江曾孝寬

宋觀文殿大學士、右丞相晉江曾懷

明大學士、入辦閣事晉江楊景辰

明東閣大學士、內閣入直晉江蔣德璟

清大學士、贈少師、謚文襄南安洪承疇

會元、狀元官詹專匾一

明萬曆己未科會元、殿試第一甲一名、詹事府詹事晉江莊際昌

榜眼尚書專匾二

明隆慶戊辰科殿試第一甲二名、南禮部尚書、謚文簡晉江黃鳳翔

明萬曆丙戌科殿試第一甲二名、禮部尚書晉江楊道賓

榜眼專匾八

宋端拱己丑科殿試第一甲二名晉江曾會

宋咸平戊戌科殿試第一甲二名惠安黃家旦

宋大中祥符己酉科殿試第一甲二名晉江宋程

宋乾道己丑科殿試第一甲二名晉江石起宗

宋嘉定庚辰科殿試第一甲二名晉江董洪

宋紹定壬辰科殿試第一甲二名晉江陳晉接

明萬曆癸丑科殿試第一甲二名晉江莊奇顯

清雍正丁未科殿試第一甲二名晉江鄧啓元德化籍

狀元專匾三

宋政和二年武進士、賜及第一名晉江楊友

宋乾道八年武進士、賜及第一名晉江林宗臣
明萬曆丁未科武進士、賜及第一名晉江莊安世

探花專區二

明嘉靖己丑科武進士、賜及第三名晉江黃守魁
明萬曆甲辰科武進士、賜及第三名晉江陳有綱

會元探花專區一

清乾隆癸未科武會元、賜及第三名同安葉時茂

尚書總區二

唐工部尚書	李　稠 晉	宋禮部尚書	傅伯壽 晉
宋禮部尚書	楊　炳 晉	明禮部尚書	黃存中 惠
明南户部尚書 副都御史 總督漕運	蔡克廉 晉	明南户部尚書 右都御史 雲南巡撫	吳文度 晉
明户部尚書 副都御史	黃光昇 晉	明南刑部尚書 僉都御史	陳道基 晉
明南刑部尚書 副都御史	王用汲 晉	明兵、刑部尚書 副都御史	黃克纘 晉
明禮部尚書 丁未總裁	黃汝良 晉	明户、刑部尚書 僉都御史 總督倉場	蘇茂相 晉
明户部尚書	林學曾 晉	明工部尚書	林欲棟 晉
明禮部尚書	林欲楫 晉	明吏部尚書 右都御史	莊欽鄰 晉
明兵部尚書 兼東閣大學士	劉鱗長 晉		

尚書專區一

清吏部尚書安溪李光地

侍郎總區二

唐工部侍郎	潘存實 晉	宋工部侍郎	劉昌言 南

宋户刑部侍郎	□汲晉	宋吏部侍郎	莊公岳惠
宋户部侍郎陞尚書	曾存廣晉	宋刑部侍郎	王 秬晉
宋兵部侍郎	諸葛廷瑞南	宋刑部侍郎	劉敏求晉
宋户、工部侍郎	傅伯成晉	宋工部侍郎御史	留元英晉
宋兵部侍郎	莊 夏晉	宋户部侍郎	李 訦晉
宋禮部侍郎	吴 燧同	宋兵部侍郎	徐明叔晉
明南户部侍郎	楊 興晉	明南户部侍郎	顧 珀晉
明南户部侍郎	黄養蒙南	明刑部侍郎副都御史江西巡撫	□國禎晉
明刑部侍郎副都御史山東巡撫	洪朝選同	明刑部侍郎副都御史贈尚書	詹仰庇溪
明兵部侍郎右都御史	陳用賓晉	明户、工部侍郎尚書	何喬遠晉
明工部侍郎副都御史廣西巡撫	林欲廈晉	明南□部侍郎	蔣孟育□
明刑部侍郎贈尚書	□啓濬	明工部侍郎	張維樞晉
明南户部侍郎□□御史	吕圖南	明户部侍郎	陳鉉藻南
明户部侍郎	黄日昌晉	明吏、户、禮、兵部侍郎	王觀光晉
明禮部侍郎	張維機晉	明兵部侍郎	陳洪謐晉

侍郎專匾四

清兵部侍郎、巡按御史晉江黄徽孕

清禮部侍郎晉江富鴻基

清兵部侍郎兼東閣大學士晉江黄錫袞

清刑部侍郎晉江黄熙胤

父子侍郎專匾一

清禮部侍郎安溪李清植　李宗文

兄弟侍郎 專匾一

清兵部侍郎安溪李清芳　李清時

左右僉都御史、侍御史 總匾一

明右都御史 _{浙江、湖廣布政 雲南、山東巡撫}	傅　鎮 同	明僉都御史 _{浙江布政 開府鄖陽}	康　朗 晉
明右都御史 湖廣巡撫	郭維賢 晉	明右副都御史	沈佺期 南
唐御史中丞	廖　儼 溪	唐殿中侍御史	陳　嶠 晉
唐侍御史	盧　鄒 同	宋侍御史	呂　言 晉
宋侍御史	洪天錫 晉	宋殿中侍御史	郭　咸 晉
宋殿中侍御史	李文會 惠	宋侍御史 河南巡撫	盧　經 同

正卿 總匾一

宋大理寺卿	邱嘉迪 溪	宋太常寺卿	陳　樸 晉
宋光禄寺卿	林　杞 晉	宋光禄寺卿	呂　璹 南
明大理寺卿	葉成章 同	明大理寺卿	朱希萊 晉
明太常寺卿 户科給事	林宗載 同	明太常寺卿	楊錫璜 晉
明太常寺卿	□　苗 同	明太常寺御	蘇兆先 南
明太僕寺卿 户科給事	王繼曾 南	明陝西太僕卿 户科給事	陳子佐 惠
明太僕寺卿	張元琳 晉	明苑馬寺卿	□　慎 惠
明苑馬寺卿	謝台卿 晉		

太常寺卿 專匾一

清太常寺卿南安洪士銘

光禄寺卿 專區一

清光禄寺卿晉江黃建師

光禄督學 專區一

清光禄寺卿、湖南提督學政晉江許邦光

詹事府詹事 專區二

明詹事府詹事晉江周廷鑨
清詹事府詹事晉江陳萬策

通政使 總區一

明南京右通政晉江林胤昌　　明南京通政使晉江黃河清
明通政使司通政使晉江周維京　　明通政使□□□□晉江楊廷相

給事中 總區二

宋給事中	江　常晉	明吏科都給事中	蘇兆先南
明給事中	張　顯晉	明禮、兵科給事中	李　貫晉
明吏科給事中	莊　敏晉	明吏科給事	史于光晉
明吏、刑科給事中	曾□□晉	明刑、工科給事中	許天琦晉
明禮科給事中	黃才敏晉	明兵科給事	□□顏□
明兵科給事中	李　熙晉	明禮科給事中	□□舒□
明南吏科給事中	史朝鉉晉	明禮科給事中	蔡國光同
明兵科給事中	黃道瞻晉	明戶、禮、刑科給事中	李獻可同
明南京刑科給事中	陳昌文同	明禮科給事中	謝元珧南
明兵科給事中	莊鰲獻晉	明工科給事中	傅元初晉

175

明兵科給事中	李　焜晉	明刑、工科給事中	郭立彥晉
明兵科給事中	蔣德璲晉	明禮科給事中	郭符甲晉
明工科給事中	王龍賁晉	明工科給事中	何運亮晉
明吏科給事中	陳履貞晉		

給諫專區九

清兵、戶、工科給事，刑科都給事晉江王命岳

清□科給事中晉江張光憲

清吏科給事中晉江陳大玠

清禮科給事晉江吳愈聖

清刑、禮科給事中晉江黃熙纘

清吏、戶、禮、兵、刑給事晉江黏本盛

清工科掌印給事中、浙江糧道晉江杜彥士

清工科給事中晉江陳慶鏞

清工科掌印給事中、廣東糧道、署按察使司晉江黃宗

御史總區四

宋監察御史	陳從易晉	宋監察御史	□□傅晉
明監察御史	劉安生溪	明監察御史	陳應良晉
明監察御史	張守庸同	明監察御史	葉普亮同
明廣西巡按御史	陳　濬惠	明監察御史	林剛中同
明監察御史	張　度晉	明監察御史	吳賢孫惠
明監察御史	羅　閏晉	明監察御史	林儀鳳晉
明南京監察御史	楊　智晉	明監察御史	蔣　疇南
明監察御史	楊敬齋	明遼東、真定巡按御史	黃　襄南
明順天巡按御史	蘇士潤晉	明監察御史	張鳳徵同

明雲南巡按御史	黃師顏南	明山東、廣東巡按御史	吳龍徵晉
明廣東、雲南巡按御史	劉　會惠	明淮陽巡按御史	龔雲致晉
明宣大巡按御史	林寅賓晉	明南京監察御史	黃華秀同
明監察御史	徐縉芳晉	明南北京監察御史	陳玉輝惠
明御史	郭□楚晉	明貴州巡按御史	蘇　琰晉
明御史 原名仲曄	黃其晟晉	明監察御史	張　忠晉
明江西巡按御史	林　潮晉	明江南巡按御史	□　燦晉
明監察御史	詹　源溪	明雲南巡按御史	林　春晉
明監察御史	陳　讓晉	明廣東巡按御史	陳儲秀南
明監察御史	汪　旦晉	明監察御史	陳　蕙晉
明南京監察御史	楊逢春晉	明兩淮應天巡按	劉存德晉
明監察御史	曾承芳晉	明南御史	王廷稷晉
明宣大巡按御史	蔡鵬霄晉	明內城巡視御史	王龍震南
明監察御史	傅文龍南	明監察御史	黃慶華晉
明御史	洪啓遵南	明山東巡按御史	李近古晉
明御史	何家駒惠	明監察御史	蘇國瓛晉
明貴州巡按御史	郭承汾晉	明御史	郭　煒晉
明御史	洪庭桂南	明御史	潘維岳晉
明監察御史	郭貞一同	明雲南巡按御史	郭　楠晉

御史專匾四

清廣東、兩浙巡按御史晉江楊旬瑛

清監察御史晉江黃岳牧

清廣東道御史，江南、真順、廣大巡按晉江鄧胤槐

清監察御史惠安王璋

總督 專區六

明右都御史,廣西、江西督學,總督湖廣、川貴軍務,諡襄惠惠安張岳

明兵部尚書,副都御史,總督雲貴、湖廣軍務同安蔡復一

明兵部侍郎,僉都御史,總督兩粵、滇、黔、晉、楚、豫軍務晉江洪淯鼇

清河東總督、山東巡撫安溪李清時

清兵部侍郎、右都御史、總督漕運晉江施世綸

清山東、四川按察,山東、四川布政,四川總督,管巡撫事同安蘇廷玉

巡撫 總區一

明山西巡撫 副都御史	朱　鑑 晉	明貴州巡撫 副都御史兼督湖北、川東軍務	林喬相 晉
明四川、江西巡撫 僉都御史	邱養浩 晉	明大同巡撫 僉都御史	張廷拱 同
明廣東巡撫	陳保泰 晉	明登萊巡撫 僉都御史	曾代龍 晉
明廣西巡撫	趙世徵 晉	明鳳陽巡撫	盧若騰 晉

布政使 總區二

明雲南布政	林一新 晉	明廣東布政	薛天華 晉
明湖廣布政	史朝宜 晉	明廣東布政	莊應禎 惠
明湖廣布政	楊道會 晉	明雲南布政	王任重 晉
明湖廣布政 禮科給事	洪有復 南	明雲南布政	洪澄源 晉
明四川布政	蔡守愚 同	明湖廣布政	莊懋華 晉
明江西、廣東布政	潘　洙 晉	明湖廣布政	李叔元 晉
明江西布政	戴廷詔 南	明浙江、雲南布政	李伫臺 南
明兩浙布政	洪□睿	明廣西布政	莊毓慶 惠
明浙江布政 贈戶部侍郎	王　畿 晉	明廣東布政 御史	王際達 晉

明廣西布政	張朝綱同	明雲南布政 兼督貴州兵部贈侍郎	蔡□
明雲南布政	洪啓允南		

方伯專匾三

清山東布政晉江黄元□
清浙江布政晉江黄明
清湖廣布政晉江黄志遴

按察使總匾一

明江西按察	留志淑晉	明四川按察兵科給事	史　福晉
明廣東按察	林希元同	明四川按察	賴廷檜晉
明貴州按察	洪邦光同	明浙江按察	蔡貴易同
明四川按察巡按御史	張治具晉	明山東按察	許國瓚晉
明湖廣按察御史	王道顯同	明湖廣按察	蔡獻臣同
明湖北按察	蔣芳鏞同	明浙江按察	陳亮采晉
明廣東按察陞布政	陳　濂惠	明安徽按察	陳　瑛晉
明廣東按察	潘　潤晉	明山東按察	王振熙南
明雲南按察	李　栻溪	明廣西按察陞西寧左參政	王　約惠

廉訪專匾四

清湖廣按察晉江丁煒
清山西、江蘇、廣東按察御史晉江陳高翔
清廣西按察晉江黄中通
清廣東按察晉江萬際璋

布政司參政總匾二

明廣東參政	葉明元同	明湖廣參政	李　楚晉

明廣東參政	馮時來晉	明四川參政御史	張　鑛惠
明浙江參政都給事中	周良寅晉	明四川參政	楊佩侃晉
明廣西、雲南參政	林一材同	明浙江參政都給事中	劉宏寶晉
明廣東參政	傅賓鳳晉	明山東參政	胡明佐同
明□□參政	朱又煥惠	明江西參政	李種佳晉
明江西參政巡按御史	郭必昌晉	明浙江參政	蔡立敬晉
明浙江參政	李汝嘉晉	明貴州參政	陳　睿惠
明廣東參政	李　雍晉	明浙江參政	葉　寬晉
明山西參政	黃　潤晉	明江西參政	朱一龍惠
明廣西、貴州參政	莊朝賓惠	明浙江參政	許宗鎰晉
明雲南參政	黃思近南	明江西參政	周　標晉
明浙江參政巡按御史	吳從憲晉	明廣東參政	蔡國炳晉
明四川參政	孫有敷惠		

轉運使總匾一

宋兩浙轉運使	曾　會晉	宋湖南轉運使	柯　述南
宋都轉運使	郭嚴隱同	宋福建轉運使	溫　革惠
明山西轉運使	劉孔宗晉	明兩淮運使	蕭　鳳晉
明兩浙都轉運使	柯鳳翔同	明兩浙運使四川參政	洪　富晉
明兩浙都轉運使	李之佳晉		

都轉鹽運使專匾一

清浙江都轉鹽運使晉江張慎和

學政總匾三

宋廣南東路提舉學事	韓　謹晉	明粵東提學僉事	趙　珖晉

明江西提學副使	蔡　清晉	明貴州提學僉事	陳　琛晉
明廣東提督學校	林希元同	明南畿督學	邱養浩晉
明山東督學河南參政	王慎中晉	明浙江督學	莊用賓晉
明江西廣西提學僉事副使	蔡克廉晉	明西蜀督學	洪朝選同
明雲南提學副使	薛天華晉	明雲南學政	郭　良惠
明江西學政	莊國楨晉	明廣西提學	楊道會晉
明廣東副使兼學政	杜　業晉	明貴州督學	蔡從易同
明淮陽巡按兼學政	陳用賓晉	明浙江督學僉事廣西參政	蘇　濬晉
明雲南學政陝西參政	黃文炳同	明兩浙督學	洪啓睿南
明宣大巡按兼學政	林寅賓晉	明廣西提學副使湖廣參政	陳鳴華晉
明山東督學	李叔元晉	明浙江督學	蔡獻臣同
明山東提學副使	陳　瑛晉	明江西督學	蘇茂相晉
明廣西、江西提學	駱日升惠	明江西學政	蔡增譽晉
明兩浙學政	王　畿晉	明廣西督學	蔡　侃晉
明山東學政	王振熙南	明江西、廣東督學	楊瞿崍晉
明南畿學政	陳保泰晉	明兩浙學政	劉鱗長晉
明浙江提學副使	陳大對晉	明應天督學巡按御史	葉成章同
明廣東督學	曾化龍晉	明廣西提學僉議	吳　澧南
明湖廣提學	劉汝楠同	明廣西督學	黃景明晉
明河南督學	黃潤中晉	明廣東學政	黃士㺭晉

祖孫、父子、伯姪、兄弟學政專匾一

清順天學政安溪李光地　　　　　山東學政李光墺
江西學政李鍾僑　　　　　　　　浙江學政李清植
奉天學政李清芳　　　　　　　　順天、河南、浙江學政李宗文

學政、給諫專區

清湖南督學,吏、户、禮、刑科給事中安溪陳科捷

學政專區九

清河南督學晉江黃日祚
清廣西督學惠安盧易
清貴州督學晉江陳寶鑰
清山西督學同安陳夢球
清江南督學惠安林之濬
清廣東、廣西督學南安陳桂洲
清廣西、陝西督學安溪官獻瑤
清江南督學安溪孫胤驥
清湖南督學晉江龔維琳

提督、都督總區一

明右都督	俞大猷 晉	明太子太保、大都督	蘇萬祝 晉
明四川、貴州都督 加護國大將軍	鄧 鍾 晉	明都督府左都督	秦良弼 晉
明太子少保、大都督	蘇夢儀 晉	明都督	許廷樑 晉
明左都督 掛干城將軍印	周 斌 晉	明廣東提督	蔡 奎
明□□提督	鄧 城 晉		

靖海侯專區一

清靖海將軍、靖海侯、水師提督、世襲罔替、諡襄壯晉江施琅

男爵提督專區一

清浙江水師提督、封三等男世襲、諡剛勇同安邱良功

宮保提督專匾二

清太子少保、福建水師提督晉江萬正色

清太子少保、廣東提督、福建水師提督、謚勇果晉江施世驃

提督專匾十五

清兩浙提督同安陳倫炯

清四川提督、福建水師提督晉江吳英

清廣東、浙江提督晉江萬際瑞

清浙江提督同安吳陞

清浙江提督晉江倪鴻範

清□□提督同安林國彩

清廣東提督同安吳必達

清浙江廣、東提督，福建水師提督同安林君陞

清江南、廣東提督惠安陳鳴夏

清廣東、浙江提督同安胡貴

清廣東提督同安李光顯

清廣東提督同安李增堦

清廣東提督同安人龍溪籍孫全謀

清廣東提督同安人長汀籍吳建勳

清浙江水師提督、世襲壯烈伯同安李廷鈺

都督專匾六

清左右都督同安許盛

清榮祿大夫、左都督晉江林起星

清榮祿大夫、左都督安溪李日煌

清左都督安溪李文忠

清左都督晉江王良

清左都督安溪李順

五等爵總區二

宋封開國男	謝圖南 同	宋贈楚國公	曾　會 晉
宋累封魯國公	曾公亮 晉	宋封秦國公	曾　□ 晉
宋封魏國公	曾　穆 晉	宋封秦國公	曾　□ 晉
宋封秦國公	曾孝寬 晉	宋封魏國公	曾　詳 晉
宋累爵趙郡公	蘇　頌 同	宋封魯國公	曾　懷 晉
宋封魏國公	曾　澄 晉	宋封秦國公	曾應辰 晉
宋封清源郡公	曾從龍 晉	宋封儀國公 進鄭國公	梁克家 晉
宋封衛國公 進魏國公	留　正 晉	宋封開國男	莊　夏
宋封開國男	諸葛直清 南	宋封福國公	蘇光誨 同
明世襲昭信侯	秦　椿 晉	明封伯爵 進鄭國公	鄭鴻逵 南

册封使者總區一

宋賜一品服 册封占城	李　貫 晉	明册封朝鮮	杜應官 晉
明奉節出使册封	張維樞 晉	明奉節出使岷藩	鄭之鉉 晉

册封使者專區二

清册封琉球副使安溪陳瑞芳

清賜一品服册封蘇祿晉江龔廷綵

觀風整俗使專區一

清觀風整俗使、僉都御使、署巡撫晉江蔡仕舢

博學鴻詞 專匾一

清乾隆丁巳科召試博學鴻詞、授翰林南安洪世澤

掌院學士 專匾一

清侍講學士、特旨翰林院掌院學士晉江陳萬策

孝廉方正 專匾二

清嘉慶元年丙辰科晉江蕭漢傑
清道光元年辛巳科同安陳榮瑞

重宴瓊林 專匾二

明嘉靖乙丑科進士、天啓乙丑科重宴晉江林雲程
明嘉靖壬辰科進士、萬曆壬辰科重宴晉江何元述

重宴鹿鳴 專匾一

明正德庚午科舉人、隆慶庚午科重宴南安黃瓚

重宴鷹揚 專匾一

清乾隆癸卯科武舉、道光癸卯科重宴晉江黃浩然

四世翰林 專匾一

清康熙乙丑翰林、南書房供奉陳遷鶴 溪
康熙戊戌翰林、詹事府詹事 子 萬策
雍正庚戌翰林、吏部郎中 孫 亮世
乾隆戊辰翰林、鴻臚寺卿 曾孫 科捷

五子登第 專匾一

宋會魁榜眼	父曾會晉	天聖丁卯進士	子公奭
祥符乙卯進士	子公度	天聖□□進士	子公望
天聖甲子進士	子公亮	慶曆壬午進士	子公定

六子登科 專匾一

清贈知縣、歲貢生　　李日升溪

康熙乙丑科舉人	子光坊	康熙庚子科舉人	子鴻翔
康熙丁丑科舉人	子文良	康熙丁酉科舉人	子宗渠
康熙辛卯科舉人	子方馥	康熙甲午科舉人	子光華

五子科第 專匾一

清左都督、湖廣永州鎮總兵官李日煜溪

康熙戊子科舉人	子光北	康熙癸巳科舉人	子光堛
康熙辛丑科進士	子光墺	雍正壬子科舉人	子光袞
雍正癸丑科進士	子光型		

五子科第 專匾一

清翰林院編修、江西學政、贈兵部侍郎李鍾僑溪

雍正庚戌科進士	子清載	雍正乙卯科舉人	子清愷
雍正癸卯科舉人	子清江	乾隆丙辰科進士	子清芳
乾隆壬子科進士	子清時		

五子科第 專匾一

清乾隆庚午科舉人	父洪瑞南	乾隆辛酉科舉人	子世侃

乾隆丁丑科進士　　子世佺　　乾隆庚午科舉人　　子世儀
乾隆庚寅科舉人　　子世儁　　乾隆甲子科舉人　　子世健

傳臚總匾一

明嘉靖庚戌科　　田　揚晉　　明萬曆壬辰科　　洪啓睿南
明萬曆乙未科　　賴克俊晉　　明萬曆辛酉科　　許　獬同
明崇禎甲戌科　　李　焻晉　　明崇禎庚辰科　　蔡肱明晉

會元專匾三

明萬曆辛丑科中式進士第一名同安許獬
明嘉靖庚戌科中式進士第一名南安傅夏器
清順治辛丑科中式進士第一名同安陳常夏

會元專匾一

明崇禎乙亥科中式武進士第一名晉江曾世策

明隆慶庚午一科兩元五十八士總匾一

順天解元李廷機晉	本省解元林奇石同	陳振揚晉	莊履豐晉	汪紹英晉
楊維清晉	梁懷材晉	留震臣晉	黃德淵晉	陳　節晉
趙爾憲晉	郭惟賢晉	謝吉卿晉	朱孔昭晉	李　皓晉
林雲霄晉	郭繼曾晉	黃思新南	楊佩訓晉	周良寅晉
許國誠晉	王三陽晉	陳仕行晉	黃鍾會晉	李　忱晉
楊日采晉	張雲冲晉	黃　金晉	留敬臣晉	蔡文相晉
陳　詔晉	林繼喬晉	郭宗磐晉	林喬楠晉	張治樞晉
林欲廈晉	黃一禎南	傅履階南	林仕甲南	黃師顏南
黃思諧南	傅履重南	蘇希栻南	洪有聲南	陳雅樂惠

陳　力惠	劉　會惠	郭喬登同	葉日炳同	莊　量同
柯日森同	蔡掄魁同	蘇舜臣晉	何居晉晉	李任春晉
莊宇毅晉	王應湯晉	王天□□		

解元總匭三

宋咸淳庚午科	陳與桂晉	宋嘉定三年	鄭思忱溪
明洪武甲子科	黃維清晉	明永樂乙酉科	楊端儀晉
明成化乙酉科	趙　珤晉	明成化丁酉科	蔡　清晉
明成化丙午科	林　啓同	明正德癸酉科	張　岳惠
明嘉靖戊子科	劉汝楠同	明嘉靖辛卯科	陳　讓晉
明嘉靖丁酉科	章日闇晉	明嘉靖戊午科	黃才敏晉
明隆慶庚午科 順李廷機晉　本省林奇石同		明萬曆癸酉科	蘇　濬晉
明萬曆己卯科	陳文選惠	明萬曆乙酉科	李光縉晉
明萬曆戊子科	潘　洙晉	明萬曆辛卯科	黃志清晉
明萬曆甲午科	王　畿晉	明萬曆丁酉科	洪承選南
明萬曆癸卯科	林欲楫晉	明天啓辛酉科	范　方同
明崇禎丙子科	蔡高標晉	明崇禎壬午科	何承都晉

解元專匭十八

清康熙己酉科晉江何龍文

清康熙庚申科晉江曾炳

清康熙壬午科晉江陳大範 榜姓史

清康熙癸巳科同安江日昇 本姓林

清康熙甲午科晉江林廷選 本姓楊

清康熙丁酉科晉江黃煥彰

清康熙丙午科晉江蔡奎 邵武籍

清乾隆戊午科惠安出科聯
清乾隆壬申科晉江蔡庭芳
清乾隆癸酉科惠安駱天衢
清乾隆庚辰科晉江張克綏
清乾隆乙酉科安溪王國鑒
清乾隆丙午科晉江謝淑元
清乾隆壬子科南安吳宏謨
清嘉慶癸酉科同安周濱海
清道光辛巳科安溪林文斗
清道光辛卯科安溪張際青
清道光丙午科同安黃維岳
清同治癸酉同安方兆福
清光緒戊子南安鄭懷[①]

武解元總匾一

明嘉靖甲午科	鄧　城 晉	明嘉靖戊午科	秦舜牧 泉
明嘉靖甲子科	楊文時 同	明隆慶庚午科	周文郁 同
明崇禎庚午科	本省顧廷柱 晉	明崇禎庚午科	廣西秦鴻燦 晉

武解元專匾十三

清康熙癸卯科泉州柯元炯 本姓李
清康熙癸巳科泉州陳名臣
清康熙乙酉科晉江陳萬言
清康熙甲午科泉州王中璜
清雍正壬子科惠安黃開先
清雍正乙卯科晉江張希雲

清乾隆乙卯科同安林培榮
清乾隆戊午科惠安吴振拔
清乾隆丁卯科安溪陳河一
清嘉慶丁卯科同安呂興國
清道光辛巳科安溪李經邦
清道光乙酉科同安陳騰蛟
清道光辛卯科安溪陳六書

兄弟解元專區一

清道光戊子、乙未科中式武舉第一名惠安何聯上、上先

進士翰林題名總區十四

唐

貞元壬申歐陽詹晉	貞元壬午許　稷晉	元和戊戌潘存實晉
開成戊午李　稠晉	陳　嘏晉	歐陽秬晉
會昌丙寅傅　荀晉	乾符戊戌王　玫晉	光啓丁未陳　嶠晉
盧　鄒晉	文德戊申謝　脩同	大順庚戌□□□晉

五代

| 梁開平戊辰謝　諶晉 | 鄭希閔惠 | 開平己巳楊在堯晉 |
| 乾化辛未李仁濟晉 | 貞明陳　逖晉 | 五代唐同光黄仁穎晉 |

宋

開寶癸酉謝　膳晉	太平興國癸未劉昌言南	雍熙乙酉錢　熙南
端拱戊子梁希言晉	端拱己丑曾　會晉榜眼	劉易知晉
陳從易晉	蘇國華晉	陳垂象晉
劉昌齡晉	王言徹晉	崔　拱惠
淳化壬辰韓　曜晉	陳元稷晉	楊令問晉

蔡 丕 晉	呂 言 晉	陳 綱 晉
咸平戊戌黃宗旦 惠 榜眼	鄭 褒 惠	李慶孫 惠
咸平己亥王中孚 晉	李渭夫 晉	李 俊 晉
咸平戊(庚)子石 昭 晉	朱 淑 晉	蔡中正 晉
王宗閔 晉	蘇季成 晉	楊令緒 晉
陳汝礪 晉	王元之 晉	胡 肅 晉
李 藹 晉	吳 謂 惠	咸平壬寅蕭楚材 晉
景德乙巳梁審言 晉	錢蒙吉 晉	陳 播 晉
黃宗望 惠	大中祥符戊申陳 詁 晉	陳在中 晉
蔡黃裳 晉	劉 設 晉	胡 靖 晉
張 裕 晉	曾 壽 晉	大中祥符己酉宋 程 晉 榜眼
郭 咸 晉	大中祥符辛亥劉 適 晉	大中祥符壬子曾 愈 晉
陳 統 同	大中祥符乙卯林貞幹 晉	黃虛舟 晉
吳 均 晉	陳從直 晉	謝 徽 晉
曾公庹 晉	錢貞吉 南	天禧己未陳 木 晉
謝 起 晉	楊 浿 晉	蕭 沆 晉
崔正則 惠	蘇 紳 同	天聖甲子曾公亮
謝伯景 晉	蘇 璹 晉	張 沛 晉
洪 儼 晉	呂 造 晉	陳嘉謀 晉
柯慶文 南	崔麗則 惠	天聖丁卯張維德 晉
楊克昌 晉	陳順孫 晉	蔡 袞 晉
趙 誡 晉	柯 湜 晉	洪 儀 晉
曾公奭 晉	林 杞 晉	天聖庚午謝伯強 晉
藍 圭 晉	藍 丞 晉	鄭 方 晉
宋 宜 同	景祐甲戌陳 佚 晉	黃 炳 晉
蘇 玠 晉	林 禎 晉	王 果 晉

宋　穆晉	蔡　巽晉	柯　穎晉
陳成務晉	儲卿才晉	呂　璹南
林　植晉	寶元戊寅謝伯初晉	張　翊晉
陳汝奭晉	陳宗元晉	楊　洙晉
李維機晉	崔黃臣惠	蘇　緘同
蘇　紘同	慶曆壬午曾公定晉	蔡若水晉
邱　陞晉	鄭　廣晉	陳　銳晉
陳　補晉	侯世儀晉	許　端晉
童孝揚晉	陳　械晉	周　萬
石仲甫晉	李　頗晉	王友直晉
蔡　奕晉	鄭　譚晉	楊　拯晉
呂喬卿晉	呂夏卿晉	蘇　頌晉
慶曆丙戌許　齊晉	蘇　勉晉	盧　承晉
王　贄晉	林季和晉	王　儀晉
石　絳晉	呂　元晉	曾　軫晉
陳　諮晉	楊　綏晉	蔡若拙晉
楊　注晉	胡　昱晉	蘇　袞同
皇祐己丑石仲攸晉	林　獲晉	曾　鯁晉
陳昌侯晉	謝仲規晉	楊允中晉
楊　琯晉	蘇　結同	石　遵同
石　廣同	皇祐癸巳陳汝曦晉	蕭伯儀晉
陳　說晉	李若訥晉	李　涇晉
郭　綱晉	李　湜晉	錢　效晉
嘉祐丁酉蘇　隨晉	蔡　洄晉	辜　肅晉
陳龍輔晉	楊　汲晉	張　紀晉
陳　思晉	陳　闓晉	柯世程南

呂惠卿南	謝　履惠	陳　沼惠
黄庠序惠	崔宋臣惠	嘉祐己亥蔡　確晉
林　序南	柯　述南	柯　□
莊公岳惠	嘉祐辛丑曾孝繹晉	蔡　洙晉
嘉祐癸卯呂　陶晉	王　斐晉	王　鉅晉
鄭　前惠	石　亘同	治平乙巳蔡　碩晉
蘇　咸晉	周　密晉	李伯亨晉
陳　端晉	林世規南	許　權同
治平丁未林　皋晉	熙寧庚戌蘇　松晉	王裕民晉
宋直方晉	卓天宜晉	謝　荀晉
傅　霖南	呂升卿南	熙寧癸丑呂　陽晉
黄　發晉	呂　厚晉	曾　諤晉
許公孫晉	韓　則晉	蘇　遇同
熙寧丙辰楊　勉晉	陳　京晉	盧　廣晉
顏　懌晉	蔡惟稽晉	許　梁晉
元豐己未陳　遇晉	蔡彥丕晉	李　琦晉
王覺民晉	蘇　駉同	元豐壬戌李彦升晉
林師醇晉	陳　高晉	謝　若晉
呂　傃晉	張　及晉	許良肱同
吳　檜同	元豐乙丑劉　逵同　榜眼	楊希仲晉
楊　璞晉	曾　説晉	許　轂晉
林黄中晉	林　斐同	元祐戊辰呂　倣晉
蔡　彰晉	劉　勃同	元祐辛未戴　臨晉
丁　解晉	蔡　彤晉	王公濟晉
許　諒晉	陳　宸晉	黄　冠晉
蘇象先同	紹聖甲戌劉　鎡晉	陳　圻晉

梁　經晉	何　炤晉	楊明述晉
楊　勳晉	胡　惕惠	紹聖丁丑陳　詢晉
陳　詳晉	蘇伯材晉	曾　誕晉
張仲友晉	傅惟肖南	林　騈南
張　讀溪	元符庚辰黃　曬晉	高　義晉
王延世晉	蔡　翊晉	曾　詢晉
林元定晉	張　過南	崇寧癸未呂脩卿晉
吳　格晉	鄭雄飛晉	王傅爕晉
韓　謹晉	王介壽晉	林廷彥晉
陳宗哲晉	林景淵晉	王　昭惠
崇寧丙戌郭　畬晉	謝　袞晉	呂之才晉
鄭良弼晉	林　著晉	儲敦叙晉
梁熙志晉	江　常惠	黃　翰惠
大觀己丑邱　价晉	陳　驖晉	梁熙載晉
李深通晉	楊　課晉	曾　固晉
黃　勝惠	政和壬辰陳　騑晉	李大老
洪　壯晉	陳康年晉	林　苣
政和乙未陳　球晉	徐　瞻晉	黃秀實晉
劉子翰晉	楊汝賢晉	王仁壽晉
石　倪晉	黃若時晉	羅　構晉
温　革晉	吳達老惠	陳敦仁惠
重和戊戌李　則晉	陳良才晉	何　楫晉
陳汝楫晉	黃　䭾晉	林　充晉
石　鄰同	宣和辛丑陳元有晉	楊椿年晉
錢大宗晉	陳孝則晉	康　寧晉
宣和甲辰辛永世晉	王　幹晉	陳元巽晉

劉　振晉	建炎戊申林　邁晉	徐光實晉
陳　楫晉	留　俊晉	李文會晉
紹興壬子李邦美晉	劉康時晉	歐陽清卿晉
呂　靖晉	石　憶同	紹興乙卯戴　覺晉
楊宏才晉	陳元師晉	楊時發晉
蕭　規晉	林嘉猷晉	陳之純晉
王維則晉	楊董才晉	黃　袞惠
紹興戊午申屠亨晉	陳斯立晉	高　倬晉
張　搏晉	吳　岡惠	紹興壬戌陳知柔晉
公　傅晉	陳挺卿晉	張邦聞晉
陳　右晉	郭　能晉	紀可久晉
黃顧言惠	紹興乙丑謝安宅晉	蔡　紹晉
林陳義晉	陳彥先晉	徐晉老晉
謝邦基晉	蔡　燠晉	朱世臣晉
吳慶宗惠	紹興戊辰陳　豐晉	王宗衡晉
謝　芷晉	梁南一晉	林　杆晉
謝　茈晉	趙伯茂晉	紹興辛未李　義晉
史　清晉	蔡　怛晉	鄭作求晉
徐　定晉　榜姓呂	黃　毅晉	楊齊雄晉
趙公迥晉	紹興甲戌柯宗英晉	辜宗堯晉
紹興丁丑楊夢齡晉	高　似晉	郭一飛晉
孫　冀晉	高　伉晉	蔡椿老晉
蘇　向晉	陳　登晉	黃萬頃晉
黃　適晉	李　起晉	趙汝譿晉
諸葛廷瑞南	吳　驥惠	紹興庚辰梁克家晉　狀元
張公顯晉	林　外晉	陳　環晉

柯知彰晉	留　正晉 永春籍	紹興癸未謝時若晉
趙公逮晉	魏鼎臣晉	傅伯成晉
傅伯壽晉	陳曼卿晉	莊　方晉
許亞璟晉	乾道丙戌陳　斫晉	陳之筠晉
朱　益晉	楊　㮴晉	楊　儻晉
謝時舉晉	朱子愚晉	王　庚晉
徐　實晉	趙彥驥晉	蔡天若晉
高　獲晉	陳　範晉	乾道己丑石起宗晉 榜眼
鄭　鈞晉	鄭昭子晉	鍾元鼎晉
黃　宙晉	楊楷之晉	趙彥括晉
趙伯遏晉	徐　容晉	蔡漢傑晉
蔡溫舒晉	林子輝晉	陳　璞晉
柯　肱晉	方　烜惠	黃時亨惠
曾　秘同	乾道壬辰邵子厚晉	留　定晉
莊　傅晉	呂庭堅晉	謝汝爲惠
許　衍同	淳熙乙未楊　炳晉	趙師瑧晉
曾　恕晉	陳　开晉	梁文虎晉
林　昂晉	尤　鵬晉	陳　升晉
淳熙戊戌呂　炎晉	董　鈞晉	趙師逮晉
蘇養直晉	王世績晉	陳　召晉
林子蒙晉	淳熙辛丑鍾元震晉	王　琳晉
陳　謙晉	趙善庝晉	趙　庚晉
蘇士鳳晉	黃禹疇晉	高　禾晉
傅思謙南	莊　夏晉 永春籍 會魁	淳熙甲辰趙師瑛晉
鄭　革晉	陳克勤晉	石大昌晉
蔡震發晉	陳孝謙晉	石應孫晉

儲　用晉	淳熙丁未柯應辰晉	趙善謐晉
李天叙晉	林克忠晉	趙希宰晉
蔡元秀晉	陳　震晉	楊昭嗣晉
林　飛晉	吳逢原晉	林　谷晉
李　輶晉	王克恭南	連之瑞溪
趙汝章晉	紹熙庚戌趙汝偠晉	陳元翁晉
李宗達晉	趙善新晉	趙汝傚晉
陳　煇晉	薛純儒晉	鄧一鳴晉
吳　豐晉	薛舜俞同	紹熙癸丑謝　賜晉
趙善謐晉	趙師瑀晉	陳　晃晉
方元震晉	楊士豁晉	王冲遠晉
薛舜庸同	劉孟虎同	慶元丙辰楊復禮晉
趙善嵩晉	王　克晉	尤宜中晉
尤　異晉	林夢亶晉	徐伯嵩晉
陳　栖晉	趙汝倕晉	趙鄒夫晉
趙汝侒晉	陳　搏晉	陳　模晉
林孟肅晉	徐履正晉	傅　壅晉
錢德謙南	吳　囷惠	謝宜中惠
連三益同	蘇　漢同	陳　洽同
慶元己未曾從龍晉　狀元	趙時和晉	趙公覛晉
呂克導晉	陳孝通晉	程　源晉
陳　磯晉	趙藝夫晉	楊士宏晉
呂克廣晉	吳　檜晉	傅　烈南
余克濟溪	余誠之溪	嘉泰壬戌陳　用晉
林儒藻晉	趙汝梧晉	趙希贊晉
謝居正晉	陳　遼晉	陳宗衢晉

趙汝恕晉	吳朝章晉	邱迪嘉晉
馬　遇晉	楊儀庭晉	李興詩晉
莊士貴晉	錢祖成南	吳子賦同
開禧乙丑羅知古晉	陳　翊晉	曾治鳳晉
王有聲晉	陳德新晉	徐　挺晉
趙猶夫晉	陳亨辰晉	黃　尹晉
陳亨衢晉	楊景隆晉	吳　彬晉
趙彥佻晉	黃應甲晉	趙汝褒晉
趙汝音晉	施夢說晉	蘇愷之晉
顏　楠晉 永春籍	嘉定戊辰楊保中晉	洪飛英晉
紀　用晉	留大用晉	謝南式晉
趙公運晉	劉用行晉	楊寅翁晉
林時中晉	留　良晉	王世英晉
陳孝良晉	林首善晉	陳　嶼晉
莊　壬惠	黃學行惠	嘉定辛未鄭思忱晉
王伯震晉	蘇思恭晉	黃樞才晉
楊斗南晉	王傅烈晉	趙汝薈晉
趙希瑤晉	趙汝欉晉	趙與俐晉
趙汝佟晉	趙善夑晉	王　度晉
趙　南晉	曾子厚晉	劉廣運晉
傅天驥晉	嘉定甲戌柯　汪晉	張　銳晉
陳仁爵晉	趙必魁晉	趙布潔晉
劉崇卿晉	楊伯安晉	高行義晉
陳子木晉	趙希嬰晉	趙汝熊晉
王　節晉	趙希秬晉	趙汝霎晉
郭宗履晉	陳　佑晉	蘇伯承晉

陳　洪南	許巨川同	嘉定丁丑李熙續晉
王仲高晉	吳　邁晉	趙汝玤晉
曾天麟晉	李舜舉晉	曾必昌晉
趙崇伯晉	趙善滄晉	趙希璋晉
楊　華晉	留元英晉	嘉定庚辰董　洪晉 榜眼
蔡次傅晉	林叔震晉	王襲龍晉
蕭邁之晉	黃時中晉	楊　驥晉
陳　霖晉	唐曾介晉	趙時煥晉
趙與才晉	顏若愚晉	趙希暘晉
陳　浩晉	嘉定癸未王　胄晉	錢　宏晉
王炎震晉	鄭至果晉	趙必彰晉
傅　齊晉	陳伯彰晉	柯應明晉
曾　純晉	林　挺晉	蘇公永晉
李　麗晉	趙若僖晉	趙希驥晉
陳帝臣晉	鄧聖祐晉	陳德復晉
周殷夫晉	趙師琇晉	諸葛寅晉
林魁辰晉	錢景良南	寶慶丙戌趙汝育晉
趙與謂晉	蔡潛夫晉	趙善言晉
劉　復晉	蔡端夫晉	洪　佐晉
翁日就晉	趙師鍋晉	趙善璲晉
趙必徇晉	趙汝卞晉	趙公迄晉
趙師霖晉	趙與秩晉	王　烈晉
吳　洋晉	洪天錫晉	胡　淡晉
吳宜濟晉	紹定己丑魏國梁晉	胡元袞晉
趙崇馣晉	陳龍周晉	莊元戌晉
楊元龍晉	趙崇鐮晉	趙希敔晉

趙希橙晉	趙時實晉	葉　明晉
趙密夫晉	王元震晉	王南一同
吳　燧同	紹定壬辰陳晉接晉	徐明叔晉
李桂高晉	聶德進晉	趙與綱晉
趙若憑晉	趙崇彪晉	趙崇譜晉
林禧子晉	趙時倕晉	黃有孚晉
趙崇霤晉	趙必得晉	蔡澤民晉
卓夢卿晉	黃朋甫晉	董　振晉
黃夢烈晉	傅　邁南	薛夢純同
端平乙未趙希韜晉	王　稼晉	趙若忠晉
王　登晉	吳仲羽晉	趙希穰晉
傅應子晉	張振仲晉	黃瑞龍晉
柯　洪晉	趙希璉晉	趙時憶晉
趙瓏夫晉	趙時勁晉	林仲賢晉
史　關晉	王履信晉	許廷煒同
唐夢斧溪	嘉熙戊戌林真子晉	儲應祥晉
蔡　璞晉	黃春卿晉	趙時熄晉
趙時浬晉	趙希府晉	陳德壬晉
吳克廣晉	趙奎夫晉	傅直方南
傅坤厚南	淳祐辛丑魏國佐晉	顏若春晉
魏必大晉	梁椿選晉	吳惠濯晉
趙孟遒晉	趙崇玦晉	趙孟泳晉
趙嗣嘉晉	趙孟模晉	趙時烋晉
趙時漢晉	王廷瑞晉	王　庚晉
謝士鳳晉	莊與玠晉	淳祐甲辰趙洴夫晉
趙濵夫晉	趙崇增晉	魏國龜晉

200

黃邁倫晉　　　趙崇瑾晉　　　趙與絜晉
趙時楝晉　　　黃龜助晉　　　王必先晉
王　履晉　　　淳祐丁未呂　中晉　趙若滬晉
蘇天民晉　　　趙時煜晉　　　趙與檑晉
趙時芹晉　　　陳　鉌晉　　　謝　垚晉
洪天驥晉　　　王卿雲晉　　　趙穟夫晉
趙霱夫晉　　　趙沽夫晉　　　王　序晉
朱時中晉　　　呂大圭南　　　江　奎惠
淳祐庚戌謝夢葉晉　李應午晉　　　陳應甝溪
胡似翁溪　　　寶祐癸丑楊必大晉　許登龍惠
寶祐丙辰田真子晉　林應嘉晉　　　呂　岳晉
趙與遴晉　　　趙孟鐇晉　　　蔡福嗣晉
郭龍發晉　　　林　聳晉　　　趙若晉晉
陳龍復南　　　吳有定南　　　黃巖孫惠
謝次魯惠　　　開慶己未黃瑞龍惠　黃廷瑞溪
景定壬戌趙時著晉　謝夢符晉　　　黃克濟晉
趙必功晉　　　趙時瓊晉　　　趙崇道晉
趙若林晉　　　咸淳乙丑黃榮甫溪　趙由燦溪
咸淳戊辰施　沅晉　林天澤晉　　　林　沉晉
陳應鼇溪　　　趙由燁溪　　　陳雨潤溪
薛夢傅溪　　　咸淳辛未周　鍾晉　石大祥晉
趙孟鎰晉　　　傅定保南　　　咸淳甲戌林介卿晉
趙孟濟晉　　　劉叔智晉
元
延祐呂大奎南　　至正壬午盧　琦惠　至正癸未紀　泰同

明

洪武辛亥陳章應晉	何德舉晉	洪武乙丑黃維清晉
周同生晉	楊本初晉	劉安生溪
洪武戊辰吳安生晉	馮　亮晉	洪武辛未林維和晉
李　容同	洪武甲戌郭文昌晉	王　中同
陳福山同	洪武丁丑莊兼才晉	永樂甲申黃　應晉
林　鳳晉	謝　敏晉	倪維哲晉
蔡惟溥晉	劉孔禮晉 改名孔宗	辜敏道南
林　良晉	永樂丙戌楊端儀晉	李斯義晉
余　福惠	朱　鐸晉	永樂辛卯葉　暘晉
永樂壬辰胡守宗晉	蔣　疇南	永樂乙未林　安晉
吳應宗南	傅　沇晉	羅　閏晉
陳應良晉	張守庸晉	永樂戊戌曾　濟晉
蔡　恭惠	白尚德同	陳道曾晉
王彥英晉	永樂辛丑徐永堂晉	柯　季晉
永樂甲辰李　賢晉 府志作賢□	正統乙丑莊　敏晉	正統戊辰葉普亮同
天順丁丑黃　觀同	天順甲申李汝嘉晉	楊　智晉
成化丙戌包　文晉	趙　珆晉	謝　寧惠
成化己丑莊　恭晉	成化壬辰黃　寬晉	吳文度晉
成化乙未陳　睿惠	成化戊戌傅　凱南	周　源同
成化甲辰蔡　清晉	胡　詢南	弘治庚戌張　定同
張　瑞晉	李　聰晉	弘治癸丑黃　銘晉
李　雍晉	黃　鑠晉	黃　信晉
田　嵩晉	陳　腆晉	弘治丙辰王　鏃晉
林　珹晉	弘治己未鄭良佐晉	傅　浚南
顧　珀晉	黃天爵南	弘治壬戌董　灌晉

李　貫晉	黃河清晉	陳　寧晉
洪　聰晉	張　顒晉	弘治乙丑詹　源溪
李　源晉	黃　瑗晉	林　潮晉
留志淑晉	丁　儀晉	正德戊辰李　墀晉
葉　寬泉	賴　鳳晉	陳尚文晉 榜姓武
林　鉞晉	陳常道晉	正德辛未傅　檆南
王宗源晉	正德甲戌黃　偉同	蔣孔煬晉
蘇　輔晉	林　福同	蘇　麒南
郭　楠晉	正德丁丑陳　琛晉	史于光晉
陳　華晉	張　岳惠	林希元同
林　春晉	正德辛巳邱養浩晉	黃　潤晉
韋尚賢同	嘉靖癸未黃　瓚南	曾仲魁晉
陳　仲晉	黃　澄南	嘉靖丙戌王慎中晉
王宗濬晉	何　時晉晉	蔡存遠晉
伍　鎧晉	陳　健晉	嘉靖己丑梁懷仁晉
洪　富晉	蔡克廉晉	莊一俊晉
莊用賓晉	林性之晉	莊壬春晉
楊逢春晉	謝　崑同	陳　蕙晉
張志選晉	黃光昇晉	嘉靖壬辰柯實卿晉
劉汝楠同	李　愷惠	徐　榮晉
陳　讓晉	何元述晉	鄭　普南
傅　鎮同	王良柱南	陳儲秀南
嘉靖乙未康　朗惠	許　福同	周天佐晉
溫學舜晉	汪　旦惠	黃　鼇晉
嘉靖戊戌王時儉晉	王春復晉	張　瑞惠
趙　恒晉	洪庭桂南	莊思寬晉

203

許　瑄晉	劉存德同	鄭一鶯晉
嘉靖辛丑洪朝選同	謝國賓晉	王惟中晉
黃養蒙南　會魁	許廷用同	嘉靖丁未史朝賓晉
黃　鑄晉	邱　瓚惠	莊朝賓惠
林一新晉	莊應禎惠	張　冕晉
曾承芳惠	何　琚晉	嘉靖庚戌田　揚晉　榜眼
傅夏器南　會元	王三接同	李春芳同
李　鑽晉　會魁	李　慎惠	薛天華晉
黃大節南	丁自申晉	鄭一龍惠　本姓朱
陳道基同	尤　烈晉	周良寀晉
郭立彥晉	朱安期晉	郭良璞晉
張　舉惠	嘉靖癸丑莊士元晉　會魁	邱有嵩晉
戴一俊惠	史朝宜晉	江萬仞晉
李伯遇晉	王宗會晉	張喬檜晉
黃　森惠	史朝富晉	李一陽同
許宗鎰晉	林富春惠	嘉靖丙辰史朝寀晉
陳　選晉	陳子佐晉	許自新晉
林叢槐同	嘉靖己未蔡　萬晉	林奇材晉　會魁
劉大遺晉	黃　襄南	歐陽模南
蔡一槐晉	王徵猷晉	詹　彬溪
洪有第南	嘉靖壬戌王同讚晉	陳學伊南
林喬相晉	鄭　良惠	陳邦顏晉
郭夢得同	吳從憲晉	張國謙晉
周　標晉	黃思近南	莊國禎晉　會魁
許天琦晉	孫振宗晉	嘉靖乙丑林雲程晉
楊　珂晉	賴廷檜晉	黃才敏晉

李大瀾晉	蘇士潤晉	詹仰庇溪
張鳳徵同	鄭一信惠	李　澤晉
蕭復陽同	池浴德同	周良賓晉
隆慶戊辰黃鳳翔晉　榜眼	洪邦光晉	李文簡同
李　熙晉	葉明元同	王任重晉
李廷益晉	楊道會晉	蕭騰鳳晉
王用汲晉	秦舜翰晉	蔡貴易同
顏容舒晉	史朝鉉晉	莊有臨同
黃德洋晉	黃一龍晉	隆慶辛未李際寅晉
林一材同	趙秉孜同	楊佩訓晉
周良寅晉	郭宗磐晉	李　忱晉
張治具晉	陳用賓晉	趙日新晉
張宏綱晉	趙　鷺晉	李華春晉
陳　詔晉	張會宗晉	萬曆甲戌蘇希栻南
洪有聲南	林喬楠晉	郭惟賢晉
陳嘉策晉	留震臣晉	蔡國炳晉
黃道瞻晉	蔡夢說晉	詹啟東溪
魏廷相晉	翁仲益晉	黃師顏南
萬曆丁丑張問仁晉	蘇　濬晉　會魁	許國瓚晉
莊履豐晉	王　約惠	黃文炳同
史朝錄晉	萬曆庚辰溫　顯晉	黃克纘晉
李懋檜溪	張治樞晉	洪有復南
陳紹功晉	謝吉卿晉　會魁	陳仕行晉
傅履禮南	謝台卿晉	王以通晉
王三陽晉	朱天應晉	萬曆癸未李廷機晉　會元　榜眼
蔡應麟晉	莊履朋晉	龔雲致晉

李獻可_同	王道顯_同	尤應魯_晉
許國誠_晉	龔廷賓_晉	吳龍徵_晉
劉　會_惠	林寅賓_晉	蔡　彭_晉
萬曆丙戌楊道賓_晉 榜眼	王同休_晉	蔡守愚_同
黃汝良_晉 會魁	陳鳴華_晉	陳　鎌_惠
傅履階_南	洪澄源_晉	林欲廈_晉
傅道統_晉	蘇舜臣_晉	傅慶貽_南
蔡　淮_晉	陳　義_晉	趙世典_晉
鄭得書_晉	朱士佳_晉	李　璣_同
劉宏玉_晉	留敬臣_晉	何喬遠_晉
萬曆己丑蔡懋賢_同	蔡獻臣_同	鄭日炬_同
柯鳳翔_同	曾偉芳_惠	諸葛表_晉
陳基虞_同	金時舒_晉	蔣孟育_同
鄧　鑣_晉	黃華秀_南	李　橚_南
莊懋華_晉	陳庭詩_晉	傅賓鳳_晉
潘　洙_晉	丁日近_晉	萬曆壬辰史繼偕_晉 榜眼
洪啓睿_晉 傳臚	蘇茂相_晉	李叔元_晉
林學曾_晉	丁啓濬_晉	陳振揚_晉
胡明佐_同	洪有助_南	蘇宇庶_晉
蔣光彥_晉	蘇守一_晉	江中楠_晉
萬曆乙未賴克俊_晉 傳臚	陳亮采_晉	駱日升_惠 會魁
周維京_晉	林欲棟_晉	林　璣_惠
蔡復一_同 會魁	張　迎_惠	黃志清_晉
戴廷詔_晉	李范廉_晉	林應翔_同
陳　瑛_晉 會魁	吳瘵相_晉	劉夢松_同
趙世徵_晉	杜應楚_晉	涂喬芳_晉

張繼桂 同	萬曆戊戌 蔡增譽 晉	李 燧 晉
黃國鼎 晉	林廷雲 晉	呂圖南 晉
邱應和 晉	林夢琦 晉	張維樞 晉
王 畿 晉	黃一良 南	黃 琰 晉
陳應堂 南	邵應禎 同	萬曆辛丑 許獬 同 會元 傳臚
蔡立敬 晉	陳士蘭 同	李夢祥 晉
陳玉輝 惠	陳經正 晉	莊欽鄰 晉
蔣光源 晉	張廷拱 同	莊毓慶 惠
徐𦄂芳 晉 會魁	萬曆甲辰 潘 瀾 同 會魁	秦鍾震 晉
洪纖若 同	張維堯 晉	鄭 陛 同
王命璿 晉	洪啓聰 南 會魁	萬曆丁未 張瑞圖 晉 探花
劉 春 惠	林欲楫 晉	蔣芳鏞 同 會魁
楊道寅 晉 會魁	楊瞿崍 晉	莊毓傑 惠
陳鳴烈 晉	蔡 侃 晉	蘇懋祉 晉
李侃臺 南	唐天眷 晉	郭如楚 晉
萬曆庚戌 陳伯英 晉	黃 卷 晉	陳應春 晉
王繼曾 南	林一柱 同	李夔龍 南
周家椿 同	吳淳夫 晉	周爾發 同
洪覲光 同	翁爲樞 晉	劉行義 同
歐從雲 同	李廷檳 晉	王振熙 南 會魁
蔡邦藩 晉	吳奇逢 晉	陳鉉藻 惠
萬曆癸丑 莊奇顯 晉 榜眼	洪啓初 南	楊景辰 晉 會魁
李 祔 溪	馮時來 晉	陳保泰 惠
陳沃心 同	王寅揆 晉	蘇 琰 晉
洪承選 南	萬曆丙辰 林 釬 同 探花	周思兼 南
鄭毓麒 晉	洪承疇 南	程光陽 晉

207

林肇開 晉	陳大對 晉	王際逵 晉
張 鏘 惠 會魁	林宗載 同	洪贊宇 晉
張翰冲 晉	張朝綱 同	張 煒 同
蔡一熊 惠	張 鑛 惠	林道推 同
萬曆己未 莊際昌 晉 會元 狀元	康爾韞 同	李廷森 晉
劉鱗長 晉	黃廷師 晉	蘇寅賓 晉
葉成章 同	蘇兆先 南	陳垣奎 南
曾化龍 晉	楊錫璜 晉	吳天策 南
劉夢潮 同	天啓壬戌 林胤昌 晉	陳龍可 晉
吳夢松 南	李仕亨 溪	蔣德璟 晉
傅文龍 南	黃仲曄 同	朱又煥 惠
王萬金 南	鄭之鉉 晉 會魁	陳昌文 同
戴 相 南	天啓乙丑 黃日昌 晉	黃景昉 晉
郭必昌 晉	周廷鑨 晉	張維機 晉 會魁
李鳳鳴 溪	蔣德瑗 晉	陳文瑞 同
謝元珧 南	黃學元 惠	王觀光 晉
李日曄 溪	吳戴鼇 晉	盧 經 同
崇禎戊辰 諸葛羲 晉	蔡邦俊 晉	傅啓光 南
王忠孝 惠	吳 澧 南	林徽初 晉
洪啓遵 南	洪應運 晉	吳逢翔 晉
傅元初 晉	許成楚 惠	李 拯 晉
蔡鵬霄 晉	王龍震 南	崇禎辛未 陳洪謐 晉
黃景孕 晉	莊鼇獻 晉 惠安籍	蔡炳龍 晉
黃熙孕 晉	陳 瑞 同	史繼任 晉
朱希萊 晉 南安籍	李近古 晉	孫枝灼 晉
崇禎甲戌 李 焻 晉 傳臚	吳震文 晉	陳豐琪 晉

明倫堂立匾總目

張正聲 晉	楊賢錫 晉	黃士藻 南
蔡國光 同	黃景明 晉	張　璀 同
崇禎丁丑 林期昌 晉	董颺先 惠	林鳳儀 同
黃潤中 晉	蔡道憲 晉　會魁	李登雲 晉
吳之奇 晉 龍岩籍	王垣京 晉	龔天池 晉
吳之琦 晉	張聖聽 惠	黃徽孕 晉
林有本 晉	崇禎庚辰 蔡肱明 晉　傳臚	盧若騰 同
張朝綖 同　會魁	丁孕甲 晉	張潛夫 晉
梁玉蕤 晉	黃錫袞 晉	吳韓起 晉
葉翌雲 同	胡丹詔 南	洪垣星 南
楊　傑 晉	吳　第 晉	黃鶴傔 晉
張鼎湄 南	辜胤奇 晉	郭貞一 同
史贊聖 晉	陳兆珂 晉	楊垂雲 晉
史延亮 晉	陳猷奮 晉	林轉亨 南
黃繼冕 晉	陳仕奎 晉	王錫恩 惠
黃文籙 惠	崇禎癸未 張元琳 晉	何九雲 晉　會魁
林志遠 同	陳履貞 同	李光龍 溪
郭符甲 晉	楊明琅 晉	王龍賁 南
郭承汾 晉	沈佺期 南	許吉璟 晉
何家駒 惠	何運亮 晉	黃道泉 晉
黃士戢 晉	蘇國珊 晉　貴州籍	

清

順治丙戌 黃志遴 晉　翰林	順治己丑 黃灝中 晉	黃中通 晉
何承都 晉	林忠順 晉	楊旬瑛 晉　翰林
黃曰祚 晉	林嗣環 晉	柯賡昌 晉
李世耀 晉	順治壬辰 龔必第 晉　翰林	吳愈聖 晉

209

王承裘晉	黃雲蒸晉	楊于先晉
郭瑄第南	葉獻論南 安溪籍	李其蔚同
順治乙未龔九震晉	陳韓遜晉	郭世純晉
陳立禮晉	翁仕偉晉	王命岳晉 翰林
洪士銘南	盧 易惠	孫孕驥溪
順治戊戌富鴻基晉 翰林	何芳騰晉	史孕庚晉
龔龍見晉	鄭長青晉	魏士蘭晉
陳懋芳惠	許巖光惠	劉望齡同
順治己亥盧 昇晉 又姓伍	順治辛丑郭夢驥	龔錫瑗晉
蔡時光晉	詹允捷晉	張 焞惠
陳常夏同 會元	康熙甲辰林象祖晉	洪承龍晉
吳黃龍晉	康熙丁未唐文驌晉	蘇堯松南
陳睿思同	蔡泰升晉	康熙庚戌郭天錦晉
李爲觀晉	吳曾芳同	李光地溪 翰林
康熙癸丑黃志煥晉	丁 松晉 又姓倪	康熙己未莊延裕晉
康熙壬戌曾 炳晉	蔡致遠晉	林可樑惠
康熙乙丑陳遷鶴溪 會魁 翰林	康熙戊辰何龍文晉 翰林	康熙辛未林洪然晉
黃覲光晉	劉作梅惠	康熙甲戌林可煜晉
黃彥標惠	陳夢球同 翰林	康熙丁丑林思睿南 本姓柯 南安籍
康熙庚辰蔡任鵠晉 同安籍	蘇 壎晉 南安籍	梁國寶晉 南安籍
陳大賓同	陳 還同	康熙丙戌陳秉忠晉 同安籍
張雲路晉	楊宗澤南	林之濬惠 翰林
劉驥良同	康熙己丑高鎮峰南	李茂華南 本姓吳
王心朝同	康熙壬辰林有懷晉 安溪籍	李鍾僑溪 翰林
康熙癸巳徐大受晉	林儀鳳晉 永春籍	丁 蓮晉
潘 晉晟南	康熙乙未洪世本晉	洪霞彩晉 惠安籍

明倫堂立匾總目

蔡賓興晉 同安籍　　李天寵南 翰林　　康熙戊戌陳萬策晉 翰林
楊詢朋晉　　　　　　侯之緹南　　　　張廷煌晉
蘇　圻同　　　　　　彭　洙溪　　　　康熙辛丑黃煥彰晉 翰林
張對墀晉　　　　　　林廷選同 翰林　　郭應元晉 永春籍
金星徽同　　　　　　李光墺溪 翰林　　雍正癸卯黃岳牧晉
蔡霖奏晉 本姓王　　　許履坦晉　　　　黃良慶晉 永春籍
黃允肅南　　　　　　雍正甲辰鄭拔進晉 南安籍　謝重燦晉 惠安籍
陳大玠晉 惠安籍　　　陳紹芳晉 安徽籍　呂日登晉
李鍾俾溪　　　　　　李清植溪 翰林　　雍正丁未張名時晉
張煥登晉　　　　　　陳高翔晉 惠安籍　鄧啓元晉 榜眼 德化籍
許　琰同 翰林　　　　雍正庚戌董　衡晉　許殿輔晉
黃文修晉 惠安籍　　　陳亮世溪 翰林 南安籍　吳振蛟南
李科捷惠　　　　　　蘇　遂同 榜姓陳　李清載溪
雍正癸丑魏煥彰晉 又姓蔡　黃孕昌晉 永春籍　柯可棟晉
李光型溪　　　　　　邵天球同　　　　乾隆丙辰羅岳珪晉
林簡士晉　　　　　　黃瑤觀惠　　　　孫　嶐惠
李清芳溪 翰林　　　　李玉鳴溪　　　　乾隆丁巳王商霖溪
郭賡武晉　　　　　　曾式冕晉　　　　唐桂生溪
乾隆己未富介齡晉　　　洪科捷南 翰林　　王士鼇惠
出科聯惠 翰林　　　　李復發溪　　　　官獻瑤溪 翰林
洪世澤南 翰林　　　　乾隆壬戌陳桂洲南 翰林　王其華惠
李清地溪 翰林　　　　李濟泰溪　　　　郭　邁同
乾隆乙丑池光遠晉　　　柯偉生晉　　　　佘漢章晉
林翌池同　　　　　　乾隆戊辰陳科捷溪 翰林　李宗文溪 翰林
陳廷科溪　　　　　　潘思光溪　　　　劉承業同
乾隆辛未黃　濤同　　　廖飛鵬同　　　　乾隆壬申曾元景晉

211

洪應心南	乾隆甲戌王世濬晉	潘思穆溪
陳宗達溪	鄭　蒲南	乾隆丁丑尤垂青晉
莊拔萃晉	王克捷晉	傅應時南
洪世佺南	李本昕溪	乾隆庚辰張光憲晉　翰林
吳煥彩南	乾隆辛巳林　曇惠	陳元錫溪
乾隆丙戌王　炯晉	莊文進晉	乾隆己丑莊寅清晉
黃世德晉	乾隆辛卯陳振彩晉	乾隆壬辰林　聰晉
黃啓駿晉	乾隆乙未張慎和晉　翰林	黃　燮晉
乾隆戊戌粘克昇晉	乾隆庚子傅淵季南	乾隆辛丑張慎德晉
乾隆丁未傅修孟南	張祥雲晉	乾隆癸丑謝淑元晉 會魁 翰林
吳國鄉南	嘉慶丙辰曾寶光晉	嘉慶己未蔡鴻捷晉
嘉慶辛酉黃大齡晉	李景嵩溪	嘉慶乙丑陳宗疇晉　翰林
嘉慶戊辰楊濱海晉	何奕簪晉	嘉慶己巳孫　珩惠
嘉慶辛未吳廷輝晉	許邦光晉	嘉慶甲戌蘇廷玉同　翰林
嘉慶丁丑王克敬晉	嘉慶己卯蔡鵬南晉	嘉慶庚辰許有韜晉　翰林
龔作楫晉	道光壬午徐雲驤南	王承勛溪
道光癸未杜彥士晉 翰林 榜名中士	鄭用錫同　臺灣籍	道光丙戌龔維琳晉　翰林
曾維楨晉　翰林　臺灣籍	道光壬辰陳慶鏞晉　翰林	李書燿南
道光乙未黃宗漢晉　翰林	莊志謙惠	道光丙申莊俊元晉　翰林
道光庚子林鶚騰同　翰林	道光甲辰蔡廷蘭同　臺灣籍	道光乙巳施瓊芳晉　臺灣籍

【校記】

① 方兆福、郑懷二人係後人鈔補，非原刻。

泉州屬永春德化_{雍正以前附}

忠孝總匾一

宋張興渭_{德化}　　　明林　茂_{德化}　　　明李陽初_{永春}
明黃　璉_{永春}　　　明王三聘_{德化}　　　明徐　瑾_{德化}

封　爵

唐封鄂國公_{永春}留從効　清封見義侯_晉　　林興珠

職官總匾一

五代唐南郡留守加太師林仁肇　　宋丞相贈太師李　炳
宋工部尚書顏　棫_{永春}　　　宋大理寺卿莊彌明_{永春}
宋博學宏詞留元剛_{永春}　　　明禮部侍郎_{奉節册封}賴　垓_{德化}
明山西、山東、四川、江西提學李開藻_{永春}　明太僕寺卿李開芳_{永春}
明右都督林　暹　　　　　　　清左都督紀朝佐
清監察御史凌　輝_{德化}

進士總匾二

唐大中丁丑盛　均_{永春}　天成戊子陳保極_{永春}　宋淳化壬辰陳庶尹_{永春}
景祐甲戌黃　豫_{永春}　鄭　慈_{永春}　　　　慶曆丙戌陳　規_{永春}
林允中_{永春}　　　　嘉祐己亥顏孝初　　　紹聖丁丑陳彥聖_{永春}
元符庚辰劉允迪_{永春}　大觀己丑姚師孔_{永春}　莊積中_{永春}

213

重和戊戌林揚休德化	宣和甲辰蘇 欽德化	建炎戊申黃 豐永春
紹興壬戌蔡 茲永春	紹興戊辰陳 光永春	蘇 升永春
紹興丁丑黃中立永春	黃維之永春	紹興庚辰陳師文德化
乾道己丑顏應時永春	淳熙戊戌鄭 巖永春	陳廷傑德化
淳熙甲辰蘇 權德化	淳熙丁未林 洽德化	紹熙庚戌陳一新永春
慶元丙辰陳 易永春	姚 選永春	林 瀛德化
慶元己未林 萬永春	鄭宗臣永春	嘉泰壬戌蘇 泰永春
黃龜朋德化	鄭 輪德化	嘉定辛未留 籥永春
嘉定甲戌黃霆發永春	嘉定丁丑蔡文暻永春	嘉定庚辰莊 序永春
寶慶丙戌徐雷聞德化	蘇國蘭德化	紹定己丑林時傑永春
陳霆震德化	淳祐辛丑陳需光永春	淳祐丁未莊彌明永春
林汝作德化	淳祐庚戌蔡義和永春	寶祐癸丑鄭舜俞永春
寶祐丙辰林時遇永春	王 唐永春	景定壬戌陳雷震永春
咸淳乙丑陳德高永春	咸淳戊辰陳遇龍永春	蔡 芳永春
元謝 益永春	明永樂壬辰凌 輝德化	隆慶戊辰劉應望永春
萬曆癸未李開芳永春	李開藻永春	萬曆戊戌鄭 沛德化
崇禎戊辰賴 垓德化	清順治辛丑李道泰永春	康熙庚戌宋祖墀永春
康熙癸丑林 模永春		

武　解　元

清康熙癸卯林昇麟	康熙壬子黃錫履	康熙辛酉林睿功

紀盛詩附_{隨到隨刻，不及編次}

<small>辛□舉人，河南項城縣知縣鄭以銓簫浦　晉江</small>

山聳清源水洛江，鍾靈毓秀擅無雙。梅溪太守曾題句，四海人文第一邦。

其　二

百代衣冠極盛稱，輝煌華區列層層。從今留作後人範，踵武應思最上乘。

<small>己亥舉人陳錫圭桓石　晉江</small>

盛事新開古未遑，千秋人物萃華堂。標題略仿蘇兼福，姓氏遙稽宋與唐。忠孝文章誇累代，科名勳伐冠遐方。即看星宿森羅炳，元氣絪縕衍慶長。

其　二

溫陵屹屹羨名區，地以人傳信不誣。洛水淪漣烝髦士，源山聳拔誕鴻儒。鍾靈自昔曾稱盛，毓秀於今豈或殊。爲藉前徽資激勵，森森現出好規模。

其　三

西川節度喜歸田，誼重桑邦任一肩。彰闡前賢昭日月，栽培時彥策雲烟。人才原不分今古，運會何庸判後先。爲國爲鄉胥至意，此心端可對青天。

其　四

新秋恰喜事垂成，燕飲連番集俊英。歌舞一場誇異數，詩章幾輩擅奇情。豈緣頌禱爭時尚，定見衣冠續後生。從此人文徵薈萃，風雲雷雨振先聲。

<small>己酉優貢，將樂、武平訓導陳敦勛禮耕　安溪</small>

天開閩南闢輪輻，崨嶪巍峨泉山□。瓌瑰偉異鍾毓多，昭回文運雲漢倬。有唐迄今千百年，巨儒碩輔相紹續。陵谷變遷碑碣殘，雲霧模糊星斗伏。伊谁

拂拭騰寶光，朗如列眉照人目。我公宏獎有深心，理學文章千秋屬。經綸霖雨早回天，和煦春風能鼓俗。歸田眷注庇梓桑，遵經臺閣首興築。爲感前徽半沉淪，應使芳名齊表暴。絕後空前盛典開，巨牓高懸耀棨楠。首崇從祀承道統，忠孝科名次第錄。大書特書不一書，鳳起蛟騰駭瞻矚。表揚先烈垂來兹，繼繼繩繩後生勗。簪纓裔胄銘刻深，培植士林宏教育。於戲，公之勳業烜赫□內知，奚但吾邦人士爭頌祝。

乙未舉人陳壽勳述□

温陵自昔擅名都，毓秀鍾英接踵符。一片婆心殷獎勵，千年缺典賴匡扶。遥瞻鸞鳳參差起，頓覺宫墙美富儲。五邑歡騰霑惠澤，從兹盛事續姑蘇。

辛卯舉人，大挑二等吳春暉慈圃　晉江

此州無愧名泉州，王梅溪句。人傑地靈重海陬。華國文章忠孝節，標題一一溯從頭。

其　　二

鄒魯遺風百代留，此州無愧名泉州。後先濟美簪纓盛，華區森羅蔚炳彪。

其　　三

吳郡人文欣蔚起，留題儔與詎齊軌。此州無愧名泉州，漫道吳江逾筍水。

其　　四

分明榜樣認前修，繼述從今任所求。濟濟衣冠相接踵，此州無愧名泉州。

丙午舉人黃以珪藍圃　南安

清紫鍾靈地，温陵禮義鄉。衣冠來溯晉，文物盛沿唐。代有賢豪出，垂爲志乘光。流傳今已久，景仰倍難忘。鏤牓成新製，明倫紀學堂。宏規期不朽，大節善先揚。孝弟爲人瑞，忠貞實國良。曾邀旌獎美，聿播姓名芳。盡厥君親誼，登諸上下庠。忠孝得旌者立匾。特書昭鄭重，亙古振綱常。次及登高第，群堪表人望。科名能不愧,爵里必兼詳。德業□千古,標題各一行。榜先開進士,人尚說歐陽。行周先生詹。與愈齋馳譽,爲閩首發祥。冰銜稱四教,文筆破天荒。嗣是人爭奮,因之運寖昌。觀光賓上國,濱海擅名疆。學校培英俊,勳猷立廟廊。士風媲鄒魯,龍首數曾梁。梁丞相克家、曾學士從龍,俱廷對第一。執政無私謁,蘇子容先生頌,《宋史》稱其居政府潔己奉公,門無私謁。傳家有義方。曾公諱會,五子登第。詩聲誰勝謝,謝名伯景,天聖間甲科,廬陵稱其詩無愧唐賢。才子合推黃。族祖叔才先生宗旦有神童才子之目,登咸平初及第。汗簡爭彪炳,儒林共頡頏。公卿原袞袞,理學更煌煌。蔡虛齋先生清、陳紫峰先生琛諸大儒。淺達千秋業,朱程一瓣香。高樓輯蒙引,舉世仰文莊。虛齋先生諡文莊,從祀廟庭。大力扶經傳,遺書溢縹緗。地靈鳴玉磬,祀典列宮墻。著述功洄鉅,淵源溯正長。元燈尊傅許,傅會元夏器、許會元獬。篤行有蘇張。蘇紫溪公濬、張襄惠公岳。致用宏經齊,乘時慶拜颺。屢參黃閣務,有明一代入閣者凡六七人。爭看綠衣郎。李文節公廷機會元及第,莊羹若先生際昌會狀。山有兜鍪石,人嫻甲冑裝。大材生將帥,重任寄勛勸。俞大猷諸公。經緯洵兼備,風雲正未央。右文逢聖代,應運集天閭。鑾榜魁龍虎,陳公常夏,順治間會元。仙班翙鳳凰。安溪隆相業,李文貞公光地。靖海奮龍驤。施襄壯公琅。茅土酬勛伐,五等爵立圖。綸扉侍贊襄。京職三品以上立圖。作肱居鼎鼐,宣力掃封狼。星使乘軺貴,烏臺佩玉鏘。學政、臺諫立圖。建牙開府壯,專閫巨材當。總制、中丞、提督立圖。廉訪勤明粥,屏藩任保障。方伯、廉訪立圖。搢紳難悉數,儀羽共高翔。集祀官階富,恩承湛露瀼。特科寒畯士,直宿上清房。洪艮堂先輩世澤以召試鴻詞科擢翰林。重宴沾優渥,耆英俾壽臧。皇華叨策遣,册使達梯航。鄉會試重宴及册封使者立圖。白水能徵夢,奎躔屢吐芒。瑣闈推弁冕,射斗擅文章。春秋闈兩元得立圖。議自名儒倡,立圖盛舉,鼇石先生實倡之,并爲作記,以垂不朽,郡人士賦詩紀盛焉。人欽峻望彰。謂兹懸厥額,恍類樹之坊。曩哲書名氏,吾儕敬梓桑。文明開五邑,盛事炳千霜。璀璨登科記,崢嶸選佛場。還期接步武,特達盡圭璋。帖每泥金報,才憑玉尺量。彙征占叶吉,積善卜餘慶。後進材爭礪,無窮願庶償。從兹覘蔚起,婁犇詠梧岡。

丙午舉人陳師海竹坡　晉江

巍巍華區望中懸,累代簪纓映後先。將相公侯看鵲起,文章科甲喜蟬聯。廟庭從祀師儒仰,忠孝流芳名節全。到此人人思自奮,千秋事業接薪傳。

其　二

尊經閣葺紀何年？總制歸來鶴俸捐。盛舉首惟崇學校,深心時望育英賢。藉茲先哲爲懸旳,策爾後人快着鞭。若道里閭誇顯耀,我公雅意豈其然。

甲辰副貢陳超然藹亭　安溪

清源紫帽巀屼高,濱海鄒魯生賢豪。理學大儒冠列曹,忠孝千秋風化操。宰衡碩德媲伊咎,或占鼎甲躡金鼇。鵠立槐棘排銀袍,總制封疆擁節旄。燕頷虎頭龍豹韜,星使月□雁與羔。縱壑巨魚順風□,滄桑更變屈指勞。誰復羅列排巖嶅？□公念此心忉忉。生□扶植志堅牢,自從出守俗賣刀。承□宣化帝所褒,激揚善政風聲飈。西川棠蔭仰雨膏,解組歸來樂陶陶。精神龍馬風霜饕,桑梓縈念急澄淘。狂瀾隻手迴滔滔,青衿豈復留達挑？尊經建閣庇英髦,刓茲文物擅神皋,忍令金璧沉波濤。春風吹噓萬竅號,明倫堂上揮彩毫。輝煌宲桷鷟鳳翱,掎摭搜采費鉤捞。匾額一一環周遭,金繩鏢紐燦錦條,龍蟠蛟起紛騰逃。堂上耆英醉醇醪,堂下笙歌雲林璈。黃童白叟聲喧嘈,坐見舉國爭游遨。獲襄盛事盡竽叨,喬蔭宏敷培李桃。俚詞瓦缶隔轊摇,敢云文雅涉風騷。

丙午優貢李時□□亭　安溪

峨峨泉山,江環其麓。山高水深,秀英鍾毓。始於歐陽,荷天之祿。千餘年來,濟濟科目。一

唐宋元明,簪纓鵲起。代有□人,後先濟美。光于邦家,榮于閭里。歷年既多,芳徽邈矣。二

惟我大清,作人敷政。相臣_{先文貞公}。將臣,_{李公忠毅,陳公忠愍}。臣賢主聖。士際昇平,砥礪身行。拖紫紆青,於斯爲盛。三

□□我公,西川持节。保兹赤子,教育提挈。公瘦民肥,公勞民悦。解組歸來,攀轅卧轍。四

　　眷念梓桑,除弊興利。陋習還淳,惟公之志。樹之風聲,觀感所自。製仿姑蘇,爰舉盛事。五

　　明倫堂上,煌煌列匾。大書特書,廊廟之選。先哲以揚,後人以勉。瞻仰徘徊,如碑於峴。六

　　萬世千秋,雨風弗蝕。芳名長昭,婦孺能識。微顯隱彰,相顧動色。閥閱華胄,疇不銘刻。七

　　尊經之閣,成於不日。人皆觀望,公以身率。文運振興,繫公之德。何以頌公,康彊逢吉。

<small>生員曾寶□季墨　晉江</small>

　　明倫堂上匾高懸,累代簪纓一一傳。將相公侯名占獨,鄉賢理學位居先。文經武緯鴻思著,孝子忠臣駿節宣。聞説姑蘇留盛制,温陵自此可垂肩。

其　　二

　　甲班林立總題名,解會狀元位置精。六子賢書高紀瑞,三朝元老遠垂聲。鴻詞博學昭殊數,整俗觀風紀寵榮。一段精神勤採訪,特開盛舉勵群英。

其　　三

　　寒宗宋代頗傳聲,忠孝元魁駙馬生。登第五男推罕異,秉鈞四相報昇平。公封十二御書耀,享配兩朝魯國廣。多感坡公風雅甚,宣揚敝祖籍光榮。

其　　四

　　總制西川美政稱,歸山後進冀雲蒸。千秋事業關心建,□□人文觸目徵。語諾黃□□□重,囊傾白鏹絶驕矜。督糧□□二公雅,道署指廉助一肱。

其　　五

　　尊經閣葺待多年,士氣攸關即倡捐。鴻俸分餘欽踴躍,狐裘集遍賴傳宣。鳩工鼎建規鴻篲,鳥革離明棟駿堅。最喜文星歸本位,衢歌巷祝叠吟箋。

其 六

釋然報應在當頭,兩美孫枝泮水遊。鶴髮林泉仙亦妒,鳳毛筍水衆難儔。蜀山名宦追□歎,閩海前賢配恰侔。竚卜他年觴再啓,重題匾額位先留。

生員林炯峰<small>孫培 晉江</small>

岈峨嶺嶒,泉山矗兮。元氣沖瀜,靈產毓兮。儲祥丕祜,文運昌兮。魚魚雅雅,濟冠裳兮。紛綸煥爛,積累朝兮。薪蘸械樸,□翹翹兮。彝鐘勳名,偉煌煌兮。人倫綱紀,於肅斁兮。對兹模範,今古鑠兮。饔鼓軒舞,期允迪兮。於萬斯年,垂學宮兮。光前裕後,由我公兮。

生員邱廷選<small>錫朋 晉江</small>

惟此名區,<small>王簡栖。</small>東南之美。<small>潘正叔。</small>家崇儒門,<small>顏延年。</small>龍翔雲起。<small>王粲一。</small>宣其徽猷,<small>盧子諒。</small>加其忠直。<small>盧諶。</small>武烈文昭,<small>劉越石。</small>播名上京。<small>潘安仁。</small>於赫君子,<small>韋孟。</small>稟道毓德。<small>顏延之。</small>憲流後昆,<small>陸士衡。</small>率由嘉則。<small>王仲宣。</small>詵詵衆賢,<small>袁彥伯。</small>名節殊途。<small>袁宏。</small>靡喆不思,<small>王仲宣。</small>況廼海隅。<small>潘岳。</small>□生標之,<small>袁彥伯。</small>期在忠孝。<small>袁宏。</small>庶勗將來,<small>稽□。</small>是則是□。<small>蔡伯喈。</small>匪情撫□,<small>□中郎。</small>廼尋厥根。<small>蔡邕。</small>爲世作楷,孝山允得其門。<small>蔡伯喈。</small>

廩生陳步蟾<small>桂屏 南安</small>

温陵山水擅名區,毓秀鍾靈產巨儒,累代並昭邦國望,先型永作里閭模。縱横冠蓋追江左,榮耀簪纓萃海隅。艷説此州高甲第,矧當盛世泰階符。

其 二

臚列官階著品題,幾朝簪笏眼中齊。芳徽揚播千秋重,華匾輝煌五色迷。數典相□念舊德,追踪有志認前梯。吳亭水繞傳遺識,<small>府縣志有水繞吳亭山,狀元出南安之讖。吳亭山,今之南邑學地,十年前水已繞矣。</small>重看狀頭報紫泥。

生員王晴光陶菊　晉江

盛事溫陵擅，標題見偉人。衣冠三代古，姓氏一時新。勛業留今日，功名記夙因。更垂忠孝字，堂不愧明倫。

其　二

當代經綸手，搜羅費品評。西川曾建節，洛社冠群英。刻意揚先烈，深情勖後生。叨陪逢盛會，蚓吹學輸誠。

廩生曾天眷廼西　南安

人材堪作里閭光，濟濟衣冠萃海疆。垂裕先型高甲第，相承舊德重縹緗。標題粉額千官列，輝映華堂萬古芳。月旦評論符志乘，風規肅敞傍宮□。蟬聯共羨簪纓盛，鵲起欣看運□昌。勝擅十閩留準則，基丕百世示周行。廟庭俎豆徽堪嗣，閥閱聲華樂未央。從此彌昭郡國望，山川間氣益靈長。

生員周承徽愧山　晉江

溫陵自昔擅文明，允迪前光賴老成。制仿勾吳標盛軌，事兼永德紀群英。廟庭一席規模遠，忠孝千秋榜樣榮。爲問他邦誰媲美？輝煌華區說榕城。

其　二

文物衣冠百代新，我公幾度費精神。作成後進須先進，真西山句。不薄今人愛古人。杜子美句。模楷信堪閭里式，璆琳自是國家珍。鯫生忝附諸君後，衣鉢從頭訂夙因。

訓導陳祖璿二衡　晉江

魚城花發刺桐紅，瑞啓文明五邑同。代歷晉唐多往哲，邦如鄒魯見淳風。明倫自是賢希聖，祇行能移孝作忠。龍虎開先登藥榜，程朱嫡派祀黌宮。矧逢昭代漸摩久，更睹奇材蔚起隆。樞地有人膺重望，文章舉世仰宗工。鼇石先生，吾鄉□□也，尤篤桑梓之誼。茲明倫堂立圖，具見表彰先哲，接引後進盛心。科名特爲前賢紀，庠序爰昭盛事崇。從此鍾靈應倍昔，試看清紫鬱葱葱。

廩生李時榮獻十　安溪

嶽瀆長鍾毓，英賢冠十閩。文章千古業，忠孝億年身。理學承鄒魯，朋簪列縉紳。風雲欽際會，雷雨煥經綸。棠蔭封疆任，梅羹社稷臣。持衡嚴遴選，執簡善敷陳。喬梓聯芳貴，荊枝耀秀新。榮聞三鳳薛，益世八龍荀。富貴花常艷，科名草屢春。當時推碩彥，歷代盡完人。載祀緣遙遠，儀型或隱淪。美稱雖不朽，著姓已將湮。鐘鼎應曾勒，鹵莽詎可詢。我公山斗望，造福梓桑民。建節追諸葛，公節度兩川。懸車比有莘。最宜先哲表，庶使後生遵。桐郡規初立，蘇州制好循。匾擘排次第，堂峙號明倫。金字題從祀，銀鉤妙入神。公親書從祀廟庭匾。冰銜書處朗，墨瀋灑來勻。定藉紗籠護，都如照乘珍。凝眸看了了，掛齒道津津。國器琳球重，家聲閥閱振。漸摩知所自，觀感匪無因。前烈褒揚遍，寒家立專匾者最多。嘉名肇錫頻。先祖伯靖亭公立御史忠臣匾。塗鴉慚握管，榮偕弟時中與繕寫之役。詒燕愧傳薪。榜早輝煌映，編仍考訂親。再刊稿底分佈。九京皆戴德，五邑總懷仁。漫使徽音邈，還教士氣伸。蟲吟聊展祝，□福合駢臻。

生員何金鏞君□　晉江

一番佳話入謳謠，文物衣冠溯累朝。縷指勛階垂歷歷，從頭姓氏列昭昭。前修烜赫談殊艷，後進襲軒首盡翹。教孝作忠期望切，榮增梓里會高標。

其　二

欲教盛事踵姑蘇，前哲洵堪作楷模。大筆淋漓揮鐵畫，澄心評騭映冰壺。躋超題鴈聲稱顯，士冀登龍電勉圖。從此人文應蔚起，溫陵茂苑兩同符。

廩生王觀光耿卿　晉江

清源紫帽鬱嵯峨，孕毓二百年來多。羽經翼傳闡奧窔，型仁講讓相漸摩。負庋經綸垂天壤，登壇韜略扶山河。日月爭光忠孝節，風雲際會甲乙科。卓哉先烈真彪炳,鐘鼎冠蓋森森羅。皇朝聲教朔南暨,閩天風化成菁莪。鵷班鷺序相接踵,珊瑚碧樹交枝柯。用韓句。天子聖武羅方召,伏龍躍出泉山阿。西川簡命大司馬,秉持節鉞靖干戈。鴻猷赫赫書竹帛,□詔煌煌下巒坡。功成名立歸去來,湖山深處閒婆娑。深情繾綣桑與梓,此邦人士沾恩波。公之留心首學校,尊經舊閣殿摩挲。鳥革翬飛宮墻煥,多士才賦落成歌。公曰善矣斯舉畢,光前裕後尚有他。鼓舞後人挽之起,闡揚先哲不滅磨。我前曾作吳郡守,明倫堂上幾回過。標題匾額排一一,祥鶯展翼龍騰梭。豈以榮華相誇耀,非寓勸勉意如何?近聞榕城亦爾爾,我泉不焉理則那。用勤掎拾搜志乘,諏吉興舉無婥婐。官階時代隨先後,安置妥帖平不頗。用韓句。臺諫學臣與其列,廣收博采弗太苛。堂哉皇哉輝梁棟,大書特書異隸蝌。遂使前光永不墜,照耀今古並羲娥。奕世瞻仰作模楷,景行行止知切磋。一時圜橋新耳目,觀者紛紛氣傀俄。饕饕軒軒庭躍雀,閴閴淵淵鼓撾鼉。海濱鄒魯全閩冠,信夫此語傳不訛。由今人人思奮發,山川間氣日冲和。鳳有毛兮麟有角,雙江處處鳴玉珂。里鄙庠序相慶賀,我公樂極醉顔酡。小子幸得襄盛舉,承命分理筆同呵。知公期望意深厚,爰抒巴語學吟哦。

生員李時俊孫瓊　安溪

文物衣冠證夙因,泉山氣象一番新。後生奮起追先哲。何必今人遜古人。

其　　二

提倡士林得我公,搜羅原自寓深衷。鴻題一一標名姓,牓樣分明在個中。

廩生許祖淳澄甫　晉江

俗本稱鄒魯,人欣萃俊英。累朝高物望,五邑播休聲。華區標題盛,巍科甲第榮。風徽追舊德,月旦洽新評。意托揚先哲,情深勗後生。規模期遠大,牓樣自分明。有志應知奮,如斯許署名。叨陪黌序內,翹首企前程。

生員莊焕文爾昭　晉江

壯阜何其峻，沈休文。合沓與雲齊。謝元暉。洛川迅且急，潘正叔。波激連珠揮。潘安仁。山澤多藏育，陸士衡。文物共葳蕤。謝元暉。各勉日新志，謝康樂。道積自成基。張景陽。輸力竭忠貞，王仲宣。上凌青雲霓。司馬紹統。惟德在無忘，謝叔源。榮名安所之。阮嗣宗。明哲恃經綸，謝康樂。斯文焕在兹。沈休文。豈爲夸譽名，阮嗣宗。餘風足染時。張景陽。傳□後世人，石季倫。引領遥相睎。古詩。努力崇明德，李少卿。桑梓有餘暉。王仲宣。

生員蘇敬墉寅生　晉江

我公筮仕始蘇州，曾到明倫堂上游。堂上新題科名匾，古今賢哲一時收。我公仰見躍然喜，忽憶家鄉幾千里。爲憶我泉鄒魯邦，從來德業稱無比。向使榜樣仿姑蘇，賢哲科名亦若是。幸從建節出西川，聖恩汪濊許歸田。我公頓念當年事，爰詔諸生共凛然。或搜邑乘考功勛，或訪賢孫補舊聞。事從前代談今代，名可生存亦死存。果然擇吉將登匾，又使賢哲名通顯。大書特書不一書，見聞未及遺者鮮。遂令千古弗茫茫，前人後人聚一堂。理學鄉賢稱盛軌，忠臣孝子列芬芳。其餘科名不能數，將相公僕導先路。我公極意勵後生，表揚先哲真情露。此時郡學一番新，比之榕城更彬彬。後生思慰我公望，敢不立名修德效前人。

生員蘇廷臣魯詹　晉江

温陵文獻邦，海内高位置。累代毓英賢，甲科尤表異。自唐迄於今，歷年千餘歲。其間陵谷遷，載籍無完備。縱有碑碣存，安能一一記。惟公薦前烈，道學千□契。建節□業高，歸田梓桑計。興築首□□，表□寓深意。憶昔守姑蘇，立匾稱盛事。近者三山郡，聞風接踵繼。吾泉尚缺典，毋乃陋邦類。爰徵諸志乘，遍訪簪纓裔。愛古不薄今，蘭苕同翡翠。落筆龍蛇驚，輝煌茮桷麗。譬諸撥浮雲，星斗長天繫。又如激滄波，鯨魚碧瀚掣。遂令先烈揚，更使後人勵。惟公匡扶力，砥柱一身寄。幸叨化雨餘，況復悉譜系。歡忭有難名，匪徒恩私被。援古以頌公，壽富與昌熾。

泉州府學明倫堂立匾後序

泉隸牛斗之墟，文昌耀寶其地。負山襟海，清淑萃焉。自唐歐陽肇振文教，代有傳者。洎明而文莊公羽翼經傳，蔚爲海内宗，忠孝節廉之士，亦時時軼出乎其間。然志乘書缺有間，姓氏或傳或不傳，徵諸國史，十一二焉；徵諸省志，十二三焉。即近而郡乘、邑乘，書法宜從詳矣，而其軼復見於他説，是以鄉之人舉焉而不能知，知焉而不能悉。鄉前輩黿石制軍里居，究心文獻，搜輯遺編傳載，或從而訪諸遺老，或從而質諸其子孫，別其官階，立以限制。因而倣書名書爵之例，額於黌舍之明倫堂，代之序，遠則鈎楹内，近則鈎楹外，俾來者舉目咸睹，循墻傴僂，饘粥於是。既，復慮風雨剥蝕，久而寖漫，迺顓輯成帙，付刊黎棗。其理學、儒林、忠臣、孝子爲一書，其魁科、世爵、崇宦、清班爲一書，其門庭、濟美、世胄、清芬爲一書，誠一郡之掌故、士林之盛典也。後之學者濯磨涵濡，振華啓秀，益而續之，亦當敬式於是編。

賜進士出身、朝議大夫、光禄寺署正、前工科給事中、翰林院庶吉士晉江陳慶鏞謹纂。

額 題 姓 氏

四川總督同安蘇廷玉喜捐銀一百大員
浙江提督同安李廷鈺喜捐銀三十四大員
浙江督糧道晉江杜彥士喜捐銀一百大員
廣東督糧道晉江黃宗漢喜捐銀一百大員
刑部主事晉江陳大勳喜捐銀二大員
河南項城縣知縣晉江鄭以銓喜捐銀四大員
連城縣儒學惠安陳金城喜捐銀四大員
舉人惠安陳中山喜捐銀六大員
舉人同安陳□芳喜捐銀十二大員
邵武府儒學晉江謝維翰喜捐銀一大員
候選訓導晉江陳祖璿喜捐銀二大員
武解元惠安何聯上、上先喜捐銀二大員
泉州府學生員陳邦隆喜捐銀一大員
泉州府學廩生許祖淳喜捐銀三大員
南安學生員陳夢奎喜捐銀一中員
監生安溪廖鏗鎣喜捐銀二大員
監生晉江王藹人喜捐銀一大員
惠安張學潘喜捐銀二大員
晉江杜貞玉、貞甫喜捐銀二大員
安溪詹清江喜捐銀一中員
晉江林燦世喜捐銀一大員

晉江韋夏蘭官喜捐銀一大員

惠安出喬世喜捐銀一大員

南安梁敦倫喜捐錢四百文

惠安陳忠偲喜捐錢四百文

惠安莊繪世喜捐錢四百文

惠安王能世喜捐錢四百文

惠安林慶世喜捐錢四百文

江西南安府知府南安李書燿喜捐銀十大員

校 點 後 記

《温陵盛事》，清代蘇廷玉編。蘇廷玉生平，已見本集前收《自記年譜》"校點後記"。

蘇廷玉回家鄉居住後，除了繼續關注國家大事外，還十分關心家鄉公益事務。他捐資修建了有關文化設施，撰寫了大量碑文，力求弘揚先哲精神，激勵後代。當他看到國史及誌乘中對泉州先賢的記載缺漏甚多的時候，便極力倡議仿照蘇州、福州之例，在府學之明倫堂爲泉州先賢立匾紀念，並把他們的事迹專輯成帙，付刊梨棗以傳之久遠，冀振華啓秀，激勵後生。此舉得到了泉州各界的熱烈響應和鼎力相助，大家公推蘇廷玉爲總負責人。蘇廷玉召集衆人，博稽誌乘，考據見聞，繕寫鎸刻。經過數年的努力，終於在道光二十七年（一八四七）七月完工，此舉被泉人譽爲"温陵盛事"。蘇廷玉把這件事的前後經過及所有資料輯成了本書，書名就叫《温陵盛事》。該書對於研究泉州的地方文化歷史具有很高的文獻價值。

本書根據清道光丁未年（一八四七）刊本校點。此次校點中，差錯和疏漏之處在所難免，敬請方家指正。

編　者

二〇一二年二月

圖書在版編目（CIP）數據

蘇廷玉文集／（清）蘇廷玉著；陳宇翔點校．—北京：商務印書館，2019
（泉州文庫）
ISBN 978-7-100-16916-5

Ⅰ．①蘇⋯ Ⅱ．①蘇⋯ ②陳⋯ Ⅲ．①蘇廷玉（1783-1852）—文集 Ⅳ．①Z425.2

中國版本圖書館 CIP 數據核字（2018）第 283693 號

權利保留，侵權必究。

責任編輯　閻海文
特約審讀　李夢生

蘇廷玉文集
（清）蘇廷玉　著

商務印書館出版
（北京王府井大街36號　郵政編碼100710）
商務印書館發行
山東鴻君傑文化發展有限公司印刷
ISBN 978-7-100-16916-5

2019年2月第1版　　開本705×960　1/16
2019年2月第1次印刷　印張15　插頁2
定價：78.00元